Benjamin Schulz

Identität oder Quatsch mit Soße

Für meine Kinder …

Ich wünsche mir für Euch, dass Ihr zu eigenständigen Persönlichkeiten werdet.

Für mein WCSG …

Ich danke Dir für alles. hidhsgwsidl.

IDENTITÄT ODER QUATSCH MIT SOSSE

BENJAMIN SCHULZ

werdewelt Verlags- und Medienhaus GmbH

ISBN 978-3-9815318-0-0

Impressum

© werdewelt GmbH | Lindersrain 2 | 35708 Haiger
T +49 2773 7437-0 | F -29 | mail@werdewelt.info | www.werdewelt.info

1. Auflage 2012

Autor: Benjamin Schulz
Lektorat: Christine Rinn, werdewelt.info
Gestaltung/Satz: Philippe Fiedler, werdewelt.info

Bildquellennachweis: Titelfoto + Autorenfoto © Michael Koch, Digital Fotogroup
Benutzung unter Lizenz von Shutterstock.com: S. 59 © majeczka | S. 76 © FXQuadro

Druck: wd print + medien GmbH & Co. KG
Verlag: werdewelt Verlags- und Medienhaus GmbH

KAPITEL 1

ZU BEGINN

Ich verspürte eine unglaubliche Motivation als mir bewusst wurde, wie wichtig das Thema Identität ist. Ich wollte ein Buch herausbringen, das nicht in irgendwelchen Sphären schwebt, sondern den Menschen die Augen öffnet über sich selbst, ihren Alltag und ihren Job. Immer wenn ich mit Menschen zusammenarbeite, merke ich, dass dieses Wort der Schlüsselfaktor ist. Alles baut darauf auf und bestimmt die weiteren Schritte.

Leider wissen viele Leute gar nicht, worum es dabei überhaupt geht. Man spricht das so leicht aus – man sagt „das ist meine Identität" – man ist echt, zum Anfassen, authentisch.

Aber was heißt das nun konkret? Auf der einen Seite ist der Begriff so elementar, und auf der anderen Seite ist das Ganze dahinter so schwierig zu verstehen. Ich finde, das Thema Identität wird völlig unterschätzt. Diese Fragen: „Wer bin ich?", „Was macht mich eigentlich aus?", „Wer bin ich, auch wenn mich keiner sieht?"

Es geht darum, auch dieses Besondere zu sehen: Was hat Identität überhaupt mit alltäglichen Herausforderungen und deren Bewältigung zu tun? Herausforderungen im Job, mit dem Partner, den Kindern, den Eltern, den Freunden. Wie hängt das zusammen? Und auch da zu merken, wie elementar das Thema Identität ist.

Herausforderungen des Lebens und Alltagsstürme, in denen man vielleicht gerade hängt, lassen sich überhaupt nicht mit schlauen oder kognitiven Ideen bewältigen. Man fühlt sich manchmal emotional wie in einer völligen Sackgasse. Mit dem Rücken so dermaßen an der Wand, dass du zwar hörst: „Du musst im Hier und Jetzt leben". Oder dass du hörst: „Du musst die Dinge aus der Vergangenheit sein lassen". Vom Sein ins Tun. Aber was nützt das eigentlich, wenn man in so einer Situation festhängt?

Als wir geplant haben, den Zeitpunkt zu finden, das Buch zu schreiben, habe ich nicht geahnt, dass ich in diesem Moment selbst so mit diesem Thema konfrontiert werde. Momentan stellt sich die Frage, ob ich das Buch für mich selbst schreibe. Um mir wieder klar zu werden, was macht mich aus und wer bin ich. Ich merke gerade, wie sehr ich aktuell an einem Punkt hänge, wo mir bewusst wird, dass ich bestimmte Sachen, die in mir vorgehen, gar nicht kontrollieren kann. Dass die Gefühle und Emotionen bei mir gerade total Achterbahn fahren. Das sind doch sowieso die Themen, wo man denkt: Super, alles läuft momentan rund. Und dann kommt der Orkan, der alles ins Wanken bringt – man abends auf der Couch sitzt und Herzrasen hat, ein Druckgefühl auf der Brust. Vielleicht auch nicht zu wissen, ob man die Nacht übersteht, was einen am Morgen erwartet. Man keine Notfallpläne hat, die man aus der Tasche zieht und weiß, dass die einem morgen den Tag retten könnten. Man auf einmal selbst feststellt, dass man als Berater, der anderen immer Ratschläge gibt, es plötzlich selbst nicht mehr schafft, seinen gordischen Knoten zu lösen. Man stellt jetzt fest, dass man plötzlich gar nicht in der Lage ist, die Dinge, die man anderen immer rät, selbst zu kontrollieren.

Sind nicht das die kleinen und großen Herausforderungen unseres Lebens und unseres Alltags?

Die große Frage – und die stelle ich mir zur Zeit selber – wie werde ich wieder Regisseur meines Lebens und dieser Situation? Wie werde ich wieder Held meines Alltags?

Ich glaube, dass das Finden zu sich selbst und das Erkennen, wer ich bin, Schlüsselpunkte sind, um diese Herausforderungen und Orkane im Leben bewältigen zu können. Identität heißt eine Einmaligkeit, auch eine Erkenntnis darin, wie man mit Konflikten und Herausforderungen umgeht. Jeder hat seine Strategien, Schutzmechanismen, diese inneren Wächter – um vielleicht auch zu versuchen, diesen Herausforderungen aus dem Weg zu gehen. Als Coach würde ich jetzt dem Klienten sagen: Sieh die Herausforderung als Chance! In meiner Situation sage ich aber: Scheiß mit der Chance, ich will eigentlich gar nicht dieses Ding, in dem ich momentan hänge, als Chance sehen.

Nur ein Coaching-Spruch?

Auf der anderen Seite – mein Leben ist gespickt mit Herausforderungen, Supervulkan-Ausbrüchen, die mich immer dazu gebracht haben, mein Leben neu zu ordnen: Ob es die Herausforderung war, dass durch einen Unfall meine komplette Laufbahn, die ich gerne eingeschlagen hätte, zerbrach. Ob das gesundheitliche Herausforderungen waren und ich in der Klinik lag mit Verdacht auf Herzinfarkt mit Ende 20. Ob das Herausforderungen in Beziehungen waren und ich nach 10 Jahren Ehe erkennen musste, dass meine Ehe zerbrochen ist und ich mich fragen musste, ob ich meiner Rolle als Vater noch gerecht werden kann. Die Herausforderung, dass ich aufgrund meiner Trennung fast mein gesamtes soziales Umfeld verloren hatte, meine ehemaligen Freunde sich gegen mich gestellt haben, weil ich in ihren Augen nicht konform war. Die Herausforderung, den Fokus zu bewahren, ein gesamtes Team zu führen und zu motivieren in einer Zeit, in der ich mit Existenzen kämpfen und ein fast insolventes Geschäft wieder aufbauen musste. Die Herausforderung für mich, mir einzugestehen, dass ich über die Maßen mit meinen Energien gehaushaltet hatte und einen Burnout bekam. Und daraus natürlich die Herausforderung, meinen Alltag ganz neu zu definieren.

Zwischen all diesen Orkanen gab es noch eine Reihe Wirbelstürme, die immer wieder durch mein Leben gefegt sind. Hunderte von Nebenkriegsplätzen waren die unabdingbaren Begleiter dieser Orkane, die noch zusätzlich zu bewältigen waren.

Was wäre gewesen, wenn mir in diesen Situationen jemand gesagt hatte: Sieh es als Chance! Ich hätte das nicht eingesehen.

Eins weiß ich sicher: Alles, was ich an kleinen und großen Herausforderungen, Krisen und Lebenssituationen erlebt habe, war gepaart mit Angst und Hoffnungslosigkeit und hat mich zu dem Menschen gemacht, der ich heute bin. Wie sehr hat das auch meine Identität geschliffen und herausgearbeitet!

Wenn ich im Nachhinein an diese Zeiten zurückdenke, muss ich sagen, dass ich in dem Moment nicht den Blick gehabt habe, dass das für mich für irgendetwas dienen sollte. Aber im Nachhinein haben all diese Dinge dazu beigetragen, dass ich immer mehr erkannt habe, wer ich bin, welche Visionen ich für mein Leben und welchen Sinn ich habe. Und dass das der Grund ist, warum ich jeden Morgen aufstehe.

Ich glaube, dass alle Herausforderungen die wir haben und Dinge, die sich wie Berge vor uns türmen – von kleinen Hügeln bis großen 4000ern – dazu dienen, uns einen Spiegel vorzuhalten, um zu zeigen, wer wir sind. Und das betrifft jeden: Die Mutter, die den ganzen Tag dafür sorgt, dass der Haushalt in Ordnung und die Kinder versorgt sind und die vielleicht auch noch einen Spagat zum Job hinlegen muss. Der Familienvater, der jeden Morgen zur Arbeit fährt und zusehen muss, dass das Geld nicht schon vor Monatsende ausgeht. Der Arbeitssuchenden, der seit Monaten Bewerbungen schreibt oder der Top-Manager, von dem strategisches Denken und gute Teamführung erwartet wird – jeder hat auf seiner Ebene Lebensherausforderungen.

Und dabei kann man nicht einfach hergehen und sagen, diese Verantwortung ist weniger oder jene ist größer.

Jeder hat ein anderes Empfinden für Herausforderungen und Lebensstürme. Und das, was dem einen geholfen hat, heißt noch lange nicht, dass es beim anderen auch funktioniert.

Es gibt keine Rezeptur!

Es funktioniert nur, indem man sich den eigenen Spiegel vorhält und versucht zu erkennen: „Was ist es, das mich rastlos sein lässt, wie ein Getriebener durchs Büro oder die Wohnung rauschen lässt? Was hängt mir im Nacken, das mir einen kalten Schauer über den Rücken treibt?

Oftmals gibt es auch die Situation, dass man die Dinge nicht in Worte fassen kann. Da ist etwas, was in mir Druck auslöst, was mir ein Gefühl von Enge gibt, mein Herz schneller schlagen lässt, mich nachts schlecht schlafen und morgens wie gerädert aufstehen lässt.

Wenn ich mich beobachte, wie es mir gerade geht in meiner Situation, stelle ich fest, dass ich mich fühle wie ein Puma im Käfig. Dieses manchmal nicht aushalten können und ausharren müssen in der Situation. Auf der einen Seite zu sagen: Das ziehst du jetzt durch, das packst du. Du redest ja hier über Identität, über Helden des Alltags, redest davon zu reflektieren und in der nächsten Sekunde merke ich, dass ich gar keinen klaren Gedanken fassen kann. Ein Gefühl zu haben von Schmerz, von Druck. Zu merken, wie die Atmung anders wird, wie das Herz schneller schlägt. Wie kann das sein, dass mich das so kontrolliert? Wer oder was sitzt mir denn da gerade im Nacken? Wer oder was ist es, der da Regie führt? Und da die Erkenntnis zu haben, das bin nicht ich, der da gerade Regie führt. Das ist etwas anderes, aber nicht ich selbst.

Identität zu leben, heißt Mut zu haben und dabei Mut zu sich selbst. Wer sich mit seiner Identität beschäftigt – gerade in Momenten, wo es einem nicht so gut geht – heißt das, sich mit Dingen zu konfrontieren, die auch Schattenseiten seiner selbst sein können. Da braucht es Mut, sich diesen Schattenseiten zu stellen. Mut, diesen dunklen Mächten gegenüberzutreten und zu wissen, dass es auch Kampf bedeuten kann, die Dinge zu enttarnen und die Dinge sukzessive zu beseitigen. Oder die Dinge zu akzeptieren. Es braucht auch Mut zu sagen: Ich bin der, der ich bin. Es braucht auch Mut zu sagen: Ich darf auch sein, wer ich bin. Ich muss mich nicht verbiegen.

Es braucht Mut, Identität zu leben!

Weil wir permanent kommuniziert bekommen – von der Gesellschaft und von Medien: Pass dich an. Sei so wie es der andere von dir erwartet. Steh ja nicht zu dir, es könnte einen Nachteil für dich haben. Gesteh dir nicht deine Schwächen zu, du könntest Deinen Job verlieren. Steh nicht zu deinen Prinzipien und Werten, es könnte sein, dass diese nicht konform sind zu denen deines Abteilungsleiters. Schließ dich der Meinung der anderen an, sonst könntest du allein dastehen. Verforme deine Persönlichkeit, sonst könntest du von der Clique ausgeschlossen werden.

Es gibt immer wieder Punkte – vielleicht aus der Vergangenheit – die uns geprägt haben. Sie gehören zu mir, sie sind ein Teil von mir und ich muss einen Weg finden, sie zu integrieren. Nicht wegkillern, sondern damit aussöhnen. Aussöhnen heißt, Dinge auch zu akzeptieren. Das jetzt bitte nicht falsch verstehen. Es geht nicht darum zu sagen: Ich bin Opfer, es ist nicht veränderbar. Es geht darum zu erkennen, dass diese negativen Dinge zu mir gehören. Und es geht darum zu lernen, damit umzugehen und zu sagen: Du Schatten, ich weiß, wer du bist, ich weiß, was du in mir auslöst und ich weiß, dass es dich gibt. Ich weiß auch, dass du Teil von mir bist, aber du setzt dich jetzt gefälligst neben mich, bist still und ich sage was Sache ist!

Ich möchte nicht, dass Sie denken, am Ende dieses Buchs eine Lösung für Ihre Situation in Händen zu halten. Ich möchte mit diesem Buch die Augen öffnen. Wachrütteln, sich mit der eigenen Identität auseinanderzusetzen, weil es schlichtweg erstrebens- und lohnenswert ist.

Benjamin Schulz

Etwas ganz wichtiges vorab

Dieses Buch ist nicht für Kranke, die therapeutische Hilfe brauchen, depressiv sind und Attentate an ihrer Persönlichkeit erlebt haben wie durch Gewalt oder Missbrauch. Diese Kriegsgebiete an der Identität sind nicht gemeint!

Ich rede hier über „grippale Infekte", über aufziehende Gewitter, Probleme des Alltags, die sich aufbäumen zu Riesenherausforderungen. Das Buch ist für Menschen, die Angst haben ihre Meinung zu äußern, die beruflich unglücklich sind, in ihrer Partnerschaft das Gefühl haben festzustecken. Sind denn nicht oft die kleinen Probleme des Alltags diejenigen, die für uns am schlimmsten sind?

Vielleicht kann sich der Eine oder Andere nicht ganz mit meiner etwas saloppen Umgangssprache anfreunden, aber die ist hier absolut gewollt. Meine Absicht war von vornherein, ein authentisches Buch zu schreiben und das schließt meine Art zu Sprechen mit ein.

KAPITEL 2

IDENTITÄT ODER QUATSCH MIT SOSSE?

„Deine Probleme will ich haben…". Wer hat diesen Satz nicht schon mal gehört? Oder vielleicht sogar selbst gesagt? Was für den einen nicht nachvollziehbares Alltagsgejammer ist, bedeutet für den anderen eine Riesenherausforderung, die sich vor ihm auftürmt wie ein Berg. Und was noch dazu kommt: In unserer Gesellschaft gehören Probleme, die Einfluss auf unsere Psyche und Identität nehmen, zur Tabuzone.

Vielleicht stehen Sie gerade am Fuße eines solchen Bergs. Vielleicht fühlen Sie sich sogar zusätzlich noch in einem besonders tiefen Tal. Wahrscheinlich fragen Sie sich, warum Sie gerade jetzt in dieser für Sie scheinbar ausweglosen Situation stecken und keinen Weg finden, da heraus zu kommen. Warum Sie ständig das Gefühl haben, immer und immer wieder ‚gebeutelt' zu werden. Und wie lange das noch gut gehen soll, bevor Sie nervlich und körperlich total am Ende sind. Das ist genau das Thema, welches mich in meinem Leben ständig begleitet und nicht in Ruhe lässt. Mal hat man kurz das Gefühl: Super, so langsam kehrt Ruhe ein. Wurde auch langsam Zeit. Doch bevor man sich zurücklehnen kann, kommt ein neuer Schlag direkt ins Gesicht – ohne Vorankündigung. Und vorbei ist die Ruhe, die sich langsam einstellen wollte, nach der man sich so sehr sehnt. Was zum Teufel… Warum schon wieder? Warum schon wieder mir? Da kommt man schnell ins Grübeln und überlegt, ob die eigene Geburt vielleicht zu einem Zeitpunkt stattgefunden hat, an dem die Sterne nicht besonders günstig standen.

Die Geburt, ja, mit der hat alles angefangen. Genau genommen natürlich früher, nämlich zu dem Zeitpunkt, an dem sich das Erbgut unserer Mutter mit dem unseres Vaters zusammengetan hat. Wir haben also Gene von unseren Eltern mitbekommen, die in Gemeinsamkeit unsere ganz individuelle Persönlichkeit ergeben. Später werden wir selbst Parallelen zu unseren Eltern erkennen, die unverkennbar sind und uns ausmachen.

Dass die Gene der Eltern eine große Rolle spielen, hat sich erst kürzlich wieder mit einer Geschichte bestätigt, die um die Welt ging:
In den USA löste eine heute junge Frau im Alter von 23 Jahren ihren eigenen Entführungsfall, der sich 1987 zugetragen hatte. Carlina White wurde kurz nach ihrer Geburt im Krankenhaus von einer vermeintlichen Krankenschwester entführt. Trotz einer ausgesetzten Prämie seitens ihrer Eltern verlief die Suche nach der Kidnapperin im Dunkel. Die Jahre vergingen. Das Kind wuchs in einem anderen Bundesstaat unter anderem Namen auf und musste seine Kind- und Jugendzeit bei einer alkoholabhängigen Frau verbringen. Gefühllosigkeit und Gewalt waren ihre regelmäßigen Begleiter. Erste bewusste Zweifel kamen ihr im Alter von 16 Jahren, als sie eine Geburtsurkunde benötigte, ihre angebliche Mutter aber keine vorweisen konnte. Carlina White stellte Nachforschungen an und ihre Vermutung bestätigte sich mehr und mehr. Als sie später die Frau, bei der sie aufgewachsen war, mit ihrem Verdacht konfrontierte, gab diese die Entführung vor 23 Jahren zu.

Mit Hilfe des US-Zentrums für vermisste Kinder startete sie eine Suche nach ihren leiblichen Eltern und machte diese tatsächlich ausfindig. Wow! Eine Entführungsgeschichte mit Happy End im doppelten Sinne: Die junge Frau hat nicht nur ihre Familie wiedergefunden, sondern hat es vielmehr geschafft, nicht selbst in den Sumpf von Alkoholkonsum und Gewalt abzurutschen, dem sie jahrelang ausgeliefert war. Sie hat tief in ihrem Inneren gespürt, dass sie nicht dort hingehörte. Sie hat es geschafft, nicht ebenfalls in diese Negativspirale zu gelangen, weil es ihr vorgegeben war, anders zu sein. Das von ihren Eltern Gegebene hat ihr die Grundlage bereitet ein Mensch zu sein, der stark genug war und sich oben halten konnte. Die ihr geholfen hat, den Alltag zu meistern. Ihre Identität.

Natürlich ist das ein Extrembeispiel. Diese Geschichte bestätigt aber, dass die Gene einen wichtigen Part unserer Identität darstellen – und gemeinsam mit anderen Teilen die Gesamtheit formen, die uns als Individuum ausmacht. Welche Teile neben unserer Persönlichkeit und dem Charakter ansonsten noch Einfluss auf unsere Identität haben, stelle ich im Kapitel „Was macht Identität aus?“ (Seite 46) näher vor.

Doch jetzt wieder zurück zu den **Anfängen unserer Identität**, die wir im Laufe unserer Entwicklung weiter ausbauen, verändern, anpassen. Wann beginnt unsere Identität in unserer Entwicklung zum Vorschein zu treten? Das passiert genau in dem Moment, wenn wir zum ersten Mal bewusst „nein“ sagen können. Wenn wir bewusst entscheiden können, ob wir etwas wollen oder eben nicht. Von da an formen wir unsere Identität, formen uns immer weiter zu einer Persönlichkeit, die wir sein wollen.

Eltern ist es ja besonders wichtig, ihre Kinder zu starken Persönlichkeiten zu erziehen, die es „einmal besser haben sollen, als man selbst“. Alle möglichen Erziehungsmethoden werden dabei angewandt. Man tauscht sich aus, überlegt, ob man dem Kind jetzt mehr oder weniger Entscheidungsfreiheiten lassen, oder doch lieber die „richtige“ Richtung vorgeben soll. Aber was ist denn bitteschön „richtig“? Sich schön in die Gesellschaft integrieren, nur nicht auffallen und dabei die eigene Persönlichkeit hinten an stellen? Zum „Einheitsbrei“ gehören? Oder doch besser den eigenen Standpunkt durchboxen – koste es was es wolle? Zwei Extreme, klar, aber überall vertreten. Zumindest in vielen verschiedenen Formen. Wobei immer wieder eins zu beobachten ist und das entspricht der am weitesten verbreiteten Einstellung und Handlung:

Sich anpassen kostet weniger Energie und ist schlichtweg bequem.

Aber sind wir dann auch zufrieden? Ist es wirklich das, was wir uns für unser Leben wünschen? Wie geht es dem Mitarbeiter, der sich nur unterordnet, weil er so seiner Meinung nach am besten fährt? Der jeden Tag in Gleichgültigkeit seinen Aufgaben nachgeht und mit einem Auge die Uhr beobachtet. Wie sieht es bei diesem Mitarbeiter mit der Zufriedenheit aus? Oder die Hausfrau, die aus Liebe zu ihrem Mann und den Kindern – oder schlichtweg weil es von ihr erwartet wird – ihren Job an den Nagel gehängt hat, um voll und ganz für die Familie da sein zu können. Wie geht es dem Top-Manager, der sich mit all seiner Kraft dem Businessalltag widmet, aber im gleichen Zuge sieht, wie seine Familie darunter leidet. Oder der Arbeitssuchende, der nach zig Bewerbungen keine Hoffnung mehr für sich sieht, jemals eine Anstellung in seinem Leben zu bekommen. Der Zurückgelassene, der nach einer gescheiterten Beziehung ohne Hoffnung dasteht und sich in seinen vier Wänden verschanzt. Ich könnte diese Liste fast unendlich fortführen und jeder von Ihnen würde sich in der einen oder anderen Geschichte wiedererkennen. Sicher ist jedoch eine Sache, die alle diese Menschen – und vielleicht auch Sie – gemeinsam haben. Sie alle fragen sich an irgendeiner Stelle ihres Lebens: Kann das alles gewesen sein?

Nein – denn das ist Quatsch mit Soße.

Obwohl es viele Menschen da draußen gibt, die schon seit Jahren in dieser Soße sitzen. Die vielleicht auch für sich nicht die Notwendigkeit sehen, irgendetwas zu ändern. Sie kennen es nicht anders und haben sich damit abgefunden. Fahren vielleicht ganz gut damit und sind halbwegs zufrieden. Diesen Menschen kann niemand die Augen öffnen. Sie müssen es selbst sehen, selbst erkennen und dann etwas ändern wollen. Anders funktioniert das nicht.

Klar haben wir alle Rollen, die immer wieder wechseln: Die Rolle des Schülers, die des Auszubildenden, des Studenten, des Angestellten, des Chefs, der Mutter, des Vaters, der Tochter, des Sohns, des Partners, des Freundes etc. In diesen Rollen haben wir klare Aufgaben wie zum Beispiel lernen, um einen guten Abschluss zu bekommen, sich in das Unternehmen einzubringen und weiterzuentwickeln, Mitarbeiter zu führen oder Kinder zu erziehen. Die Kunst besteht darin, in diesen Rollen nicht unsere Identität zu untergraben. Damit meine ich nicht das Aufgeben liebgewonnener Dinge, sondern das Zurückstecken dieser – aber nur für eine bestimmte Weile. Zum Beispiel müssen wir zu einem Zeitpunkt unseres Heranwachsens über Büchern brüten, wenn unsere körperliche Entwicklung eher dazu drängt, nächtelang zu feiern. Wir müssen uns in die Angestelltenrolle einfinden und unseren Platz im Team suchen, obwohl Kollegen uns als Eindringlinge und neue Konkurrenz sehen. Wir müssen die Bedürfnisse unserer Kinder über unsere eigenen stellen, weil wir für sie als Schutzbefohlene die Verantwortung für deren Gesundheit und Entwicklung haben – zumindest solange sie dazu noch nicht selbst in der Lage sind. Oder wenn es um die Pflege von Angehörigen geht, bedeutet das für uns als Betroffene ebenfalls, auf liebgewonnene Dinge vorerst verzichten zu müssen.

Aber durch diese Rollen dürfen wir nicht unsere Identität aus den Augen verlieren. Frei nach dem Motto: Wenn ich meine Rolle gut spiele, läuft alles reibungslos und alle sind gut drauf. Und… was ist mit MIR?

Viele Menschen – und das erlebe ich in meinem Job immer wieder – beginnen erst, ihr Leben zu überdenken, wenn irgendein Ereignis sie „wachgerüttelt“ hat. Das kann beispielsweise durch einen Unfall sein, einen Herzinfarkt in jungen Jahren, eine andere die Gesundheit betreffende Diagnose, der Verlust des Arbeitsplatzes, eines geliebten Menschen oder die Trennung vom Partner. All das sind einschneidende Erlebnisse, die einen darauf stoßen, wie wertvoll das Leben ist und wie viel Zeit wir damit aufbringen, in der Gesellschaft oder einer Partnerschaft zu funktionieren. Schließlich fühlen wir uns wohl, wenn wir nicht alleine sind. Wir brauchen den Partner, die Familie, Freunde, Clique, Vereine etc. wie die Luft zum Atmen. Andererseits gibt es von dort **Erwartungen, die wieder Einfluss auf unsere Identität nehmen**.

Das habe ich am eigenen Leib erfahren.

Als in meinem bis dahin festen System bekannt wurde, dass ich einen Schlussstrich unter meine Ehe gesetzt hatte, entsprach ich plötzlich nicht mehr der Norm. Nach und nach entfernten sich langjährige Freunde von mir – sicherlich auch, weil sie in eigenem Gewissenskonflikt zu ihren eigenen Werten und Überzeugungen standen. Warum? Plötzlich habe ich nicht mehr in deren System hineingepasst. War doch eigentlich immer alles in Ordnung in meiner Ehe – zumindest nach außen hin hatte es den Anschein. Ich kann heute alle um mich herum gut verstehen, wenn sie damals sagten: „Wie kann der nur …?“

Ich bin hier so ehrlich und gebe zu, dass ich mich damals in meiner Zeit der Ehe nicht getraut habe, über unsere Situation zu sprechen. Der Druck von außen hat mich genauso zurückgehalten, wie der moralische Druck: Kann ich mit meinen Freunden überhaupt darüber reden, dass zu Hause eben nicht alles Friede, Freude, Eierkuchen ist, wie es alle denken? Dann der ständige Gedanke, es könnte jemand merken. Heute weiß ich, dass ich früh genug darüber hätte reden sollen und dass ich es nicht getan habe, war falsch. Bei den Gesprächen mit dem Paartherapeuten kam ich an einen Punkt, an dem wir aus meiner Sicht nicht mehr zueinanderfinden konnten. Heute weiß ich: Hätte ich mich damals nicht getrennt, wäre das auf Kosten meiner Identität gegangen.

Mir wurde bewusst, was in den meisten Systemen Standard ist: Man hat Erwartungen, projiziert diese und lässt dabei dem anderen seine Identität nicht. Dabei ist die grundsätzliche Frage: Auf welcher Basis passieren diese Erwartungen? Wenn ich merke, dass sie dabei an die Substanz meiner Identität gehen, muss ich irgendwann eine Entscheidung treffen. Dann muss ich ein Standing haben und wissen: Das ist mein Wertesystem. Im gleichen Zuge gilt es zu klären: Passen wir mit unseren Wertesystemen zusammen und können wir damit umgehen oder nicht? Sicher gibt es immer Situationen, in denen man sich arrangieren muss. In denen man Arrangements und Commitments eingehen muss – die haben aber Grenzen. Es gibt dabei aber auch eine Grauzone, in der man diese **Arrangements und Commitments** treffen kann. Bei mir als Vater bedeutet das: Ich kann mich auf Elternebene mit meiner Ex-Frau arrangieren, aber auf Paarebene nicht mehr. Das ist eine Gratwanderung und mit vielen Fallen gespickt, denn die emotionale Schiene macht eine klare Trennung nicht unbedingt einfach.

Wie viele Leute treffe ich, die sagen: Hätte ich mich doch vor 15 Jahren anders entschieden! Ob das den Partner betrifft, den eingeschlagenen Berufsweg oder den Hauskauf. Sie haben sich über Jahre hinweg kontrollieren lassen, haben sich „verbogen“ und kein „artgerechtes“ Leben mehr geführt. Jetzt stecken sie fest in ihrer Ravioli-Dose. Plötzlich merken sie, dass sie lange Zeit nicht ihrer Identität entsprechend gelebt haben, nur um nirgendwo anzuecken, negativ aufzufallen, ausgeschlossen zu werden. Tag für Tag. Jahr für Jahr. Bis dann dieser Tag X kommt und sie innehalten lässt, oder ihnen ein guter Freund die Augen öffnet. Wenn diese Menschen es dann schaffen, aus ihrer Ravioli-Dose zu klettern, stoßen sie in ihrem Umfeld auf Widerstand – schließlich funktionieren sie nicht weiter stillschweigend wie gewohnt – aber sie werden sich auf Dauer einfach besser fühlen und können ihrer Identität entsprechend leben.

Viele Menschen wissen auch, in was für einem „Mist“ sie stecken. Und sie wissen auch, dass sie etwas unternehmen müssen, um einen für sich besseren Weg einzuschlagen. Aber da kommt wieder das Thema **Gewohnheit**. Sie sind sich bewusst, dass es die „anderen“ nur deshalb leichter haben, weil sie konform funktionieren. Wenn sie plötzlich nicht mehr in der gewohnten Weise funktionieren, hat das unausweichlich Einfluss auf alle anderen, die mit im System stecken. Zu diesem System zählt alles, was den Betroffenen umgibt: die Familie, Freunde, Vereine, der Job, Nachbarschaft.

Ein **System** ist ein Gebilde, das aus einzelnen Elementen besteht, die sich aufeinander beziehen. Und zwar auf eine solche Art und Weise, dass es eine Wechselwirkung zwischen diesen Elementen gibt, die eine sinn- oder zweckgebundene Einheit bilden. Man kann sich das supergut wie ein Mobile vorstellen. Sie wissen, was passiert, wenn nur ein kleines Teil seine Position verändert - das ganze Ding verändert sofort seine Form. Genau das passiert, wenn ein Mensch in seinem System auch nur eine kleine Sache verändert: Das System reagiert.

Sobald sich jemand aus dem System entgegen seiner gewohnten Aktivitäten stellt – das kann zum Beispiel sein, das Gespräch mit dem Partner zu suchen, weil man sich nicht mehr wohl fühlt in der Partnerschaft oder sogar dem Partner zu gestehen, dass man sich trennen möchte; dem Vorgesetzten zu sagen, dass man eine andere Sicht auf die Dinge hat, der Familie kundzutun, dass man mit Mitte 30 jetzt seinen Lebenstraum endlich verwirklichen und noch mal studieren möchte... - bekommt dieses vertraute System Risse. Es wird durch den „Ausreißer“ sogar gesprengt – sprich, es funktioniert nicht mehr so wie gewohnt – funktioniert vielleicht gar nicht mehr und zieht als Ergebnis noch zusätzlich einen riesigen Rattenschwanz hinter sich her: Die Partnerschaft existiert von einer Sekunde auf die nächste nicht mehr, die Finanzen müssen geregelt werden, Bank- und/oder Rechtsanwaltstermine stehen an, die Kinder leiden unter der Trennung und brauchen ebenso zusätzliche Unterstützung. Ein Umzug muss in die Wege geleitet werden, Schulwechsel, neue Freunde finden... . Der Vorgesetzte wird dem „Störer“ nicht mehr das zuvor gewohnte Vertrauen schenken, ihm vielleicht sogar Aufgaben entziehen, ihn weniger integrieren. Kollegen werden sich von ihm distanzieren, ihn ausschließen oder sogar mobben. Er zieht seine Schlüsse und kündigt, muss neue Arbeit suchen, vielleicht sogar umziehen, die Familie leidet unter der Situation und es gibt Spannungen. Ein lange gewünschtes Studium stellt all diejenigen vor die Existenzfrage, die bisher von dem regelmäßig eingehenden Gehalt gelebt haben, Einkommen müssen anders geregelt, Abstriche müssen gemacht werden, Freizeit muss weichen, Prioritäten haben plötzlich eine völlig andere Gewichtung.

Klar sind das nur mögliche Veränderungen, die in solchen oder ähnlichen Situationen passieren können. Die Veränderungen laufen mal richtig extrem ab, mal weniger angespannt – und können zu jedem Zeitpunkt komplett umschwenken. Darüber müssen wir uns immer im Klaren sein.

Fakt ist: Wenn das System jetzt nicht mehr so funktioniert, wie all die Zeit zuvor, zieht das Ergebnis daraus diesen riesigen Rattenschwanz hinter sich her. Dessen sind sich die Betroffenen durchaus bewusst.

Und das ist auch oft der Grund, warum der Mut fehlt, den riskanten Schritt zu machen. Also belassen sie alles beim Alten. In der Komfortzone ausharren, auch wenn sie wissen, dass es ihnen damit nicht gut geht und sie weiterhin leiden.

In der Schule wird das Thema Identität besonders deutlich. Von früher kennen wir noch alle die unterschiedlichen Grüppchen. Auch wir waren Teil einer solchen Gruppe. Und dann gab es in jeder Klasse solche Schüler, die in irgendeiner Art „aus der Reihe getanzt" und aufgefallen sind. Da waren solche, die sich immer profilieren mussten, die besten Arbeiten geschrieben haben, andere, die immer abgetragene Kleidung anhatten oder solche, die vielleicht stark übergewichtig waren, oder durch einen Sprachfehler auffielen – eben einfach anders waren. Früher wurden solche „Außenseiter" – Schüler, die also nicht der Norm entsprachen – verbal attackiert, ignoriert oder haben auch mal eins auf die Nase bekommen. Heute läuft das anders. In Zeiten von SchülerVZ oder Facebook gehen die Attacken so richtig ins Eingemachte: Da werden die schlimmsten Register gezogen, um einen Menschen fertig zu machen. Aus purem Spaß und weil die Anonymität der Medien das möglich macht. Das kann teilweise so weit gehen, dass die betroffenen Schüler Selbstmord begehen. Den Tätern ist oft gar nicht bewusst, welchen Orkan sie damit heraufbeschwören.

Wenn man solch ein Handeln direkt betrachtet, sind nicht die sogenannten Außenseiter die Schwachen, sondern diejenigen, die den ganzen Rest abgeben. Warum? Weil die ihre Identität nicht leben, sondern sich einer Gruppe anschließen, die „das Sagen hat". So sind sie auf Nummer sicher, nicht selbst Opfer einer Attacke zu werden. Keiner kann mir erzählen, dass er sich gut fühlt, wenn er nach der Pfeife eines anderen tanzt, nur um dazu zugehören. Das mag vielleicht Selbstschutz sein, ist aber auch Identitätseinheitsbrei!

Das folgende **Beispiel der Schülerin** Sylvia Hamacher zeigt, was es bedeutet, wenn man sich den Ausgrenzungsversuchen stellt: Die Abiturientin wurde eineinhalb Jahre lang gemobbt. Alles fing damals praktisch über Nacht von heute auf morgen an:

Über Onlineplattformen und via SMS wurden üble Gerüchte über Sylvia Hamacher verbreitet. Sie wurde auf dem Schulhof auch von kleineren Kindern geschubst, getreten, mit Fußbällen abgeschossen und hat sich erst mal keinen anderen Ausweg gewusst, als sich in den Pausen auf dem Mädchenklo zu verstecken. Sylvia überlegte, was sie an sich haben könnte, das solch ein Verhalten provoziert. Sie redete sich ein, dass die anderen einen triftigen Grund haben würden, weil sie sie so behandelten. Sie suchte die Schuld bei sich und empfand sich selbst als schlecht – als hässlich, dumm, widerlich und als jemand, der es nicht verdient hatte zu leben. Sie sagt heute offen, dass sie damals auch Momente erlebt hatte, an denen sie daran dachte, ihr Leben zu beenden. Sylvia vertraute sich ihren Eltern an, weil sie alleine nicht mit der Situation zurecht kam. Aber auch die waren hilflos und litten mit ihrer großen Tochter. Einberaumte Schulkonferenzen brachten ebenfalls keine Aufklärung, da die Klasse geschlossen gegen die 18-jährige vorging und die Drahtzieher geschickt alle Spuren verwischten. Die Lehrer reagierten hilflos.

Mal versuchte Sylvia, ihre Peiniger zur Rede zu stellen. Ein anderes Mal ließ sie wieder alles stillschweigend über sich ergehen. Bis sie eines Tages tätlich angegriffen wurde und im Krankenhaus landete. Nach diesem Zwischenfall wechselte Sylvia das Gymnasium. Der Horror hatte ein Ende. Der Psychoterror war für sie vorbei, hatte jedoch Spuren bei der Schülerin hinterlassen: Auch auf der neuen Schule hat sie eine Außenseiterrolle, weil sie zum einen keine Beziehung zum Standort der Schule hat und weil sie nach eigenen Angaben auch „nicht mit dem Strom schwimmt", ihren eigenen Standpunkt vertritt und sich auch dann nicht umstimmen lässt, wenn alle anderen anderer Meinung sind. Viele Mitschüler kommen nicht damit klar, dass Sylvia durchsetzungsstark ist, ihr eigenes Standing hat. So ist sie auch heute noch ein Außenseiter. Ihre Einstellung wird allerdings von allen Mitschülern toleriert und Mobbing gehört der Vergangenheit an. Sie hat sogar ein eigenes Buch herausgebracht, „Tatort Schule", um ihre Erlebnisse aufarbeiten zu können. Heute gibt sie Lesungen an Schulen, um dort das Thema greifbar zu vermitteln. Sylvia's Mutter, die eigentlich Zahntechnikerin ist, hat ihren Job aufgegeben und unterstützt jetzt Schulen bei Projekten gegen Mobbing, weil sie das, was ihre Tochter erlebt hat, anderen Kindern ersparen möchte.

Eine beeindruckende Story, die zeigt, wie das eigene Standing die Familie und das Leben verändert und dass manche sogar dabei ihre Berufung auf ganz neuen Wegen entdecken.

Das ist ein Wachsen, ein Weiterentwickeln.

Wir Menschen sind so geschaffen, dass wir uns ständig weiterentwickeln. Ein Unterordnen entgegen unserer Prinzipien, ohne Arrangements und ohne Weiterentwicklung ist für uns ebenso fatal, wie in einer Rolle festgefahren zu sein, ohne es zu merken. Nehmen wir zum Beispiel die Rolle „Eltern". Es gibt Menschen, die blühen darin regelrecht auf. Sie wissen aber auch, dass sie irgendwann nicht mehr diese Rolle bekleiden können, weil die Kinder auf eigenen Füßen stehen wollen und schließlich ausziehen. Schon allein die Gedanken an diesen Tag tun weh und viele fallen nach dem Auszug der Kinder in ein tiefes Loch. Zwar war das eine absolut absehbare Situation, sie haben aber all die Jahre die Augen davor verschlossen. Ja, diese Eltern haben es komplett verdrängt und sind jetzt in ihrer Ravioli-Dose gefangen. Sie sind alleine mit ihrer Situation. Alleine mit ihrer Angst, die sich mit dem Erwachsenwerden der Kinder immer weiter ausgebaut, schlaflose Nächte bereitet und auf ihnen gelastet hat wie ein dunkler Schatten. Dabei haben die Eltern selbst immer die Möglichkeit, sich weiteren erfüllenden Aufgaben zu widmen. Hobbys, die man „mal kurzfristig" auf Eis gelegt hat, weil die Erziehung der Kinder in den Vordergrund gerückt war, kann man wieder aufnehmen. Ehrenamtliche Tätigkeiten, bei denen man spürt, dass man anderen hilft und gebraucht wird, sind eine weitere Möglichkeit gegen diesen Blues. Allerdings ist es hilfreich, frühzeitig genug damit anzufangen und nicht erst, wenn die Koffer der Kinder gepackt und die Zimmer ausgeräumt sind. Schließlich nabeln sich die lieben Kleinen nicht von heute auf morgen ab, sondern stetig ein kleines Stückchen mehr. Wenn die Eltern sich dann in demselben Tempo eine zusätzliche Verantwortung erschaffen, ist das zum einen ein Gewinn für beide Seiten und andererseits tut der Prozess des Loslassens dann weniger weh.

Soweit die Theorie.

In der Praxis ist das allerdings gar nicht so einfach umzusetzen.

Wer oder was hilft jetzt, diese Ravioli-Dose zu öffnen und die eigentliche Identität heraus zu lassen, die dort mit all dem anderen Quatsch in Soße gefangen ist?

Wenn wir es alleine nicht schaffen, übernehmen Dritte diesen Part für uns: die beste Freundin oder der beste Freund zum Beispiel, die sich natürlich Sorgen machen, weil sie sehen, dass man leidet. Weil sie uns am besten kennen und um die Werte wissen, die für uns wichtig sind. Sie können diejenigen sein, die uns aus der Lethargie holen, zum Nachdenken anregen und die eigentliche Identität in uns wieder erwecken und neu erlebbar machen. Die beste Freundin oder der beste Freund werden dadurch zur Stütze, zum Sparringspartner, zum Motivationsgeber. Aber auch andere Menschen können diesen

Part übernehmen, was ich im folgenden Kapitel „Mut zur Identität" aufgreife.

Es gibt auch jede Menge Menschen, die in diesen engen Grenzen leben, weil sie sich dazu entschieden haben. Da ist zum Beispiel die Geschichte eines Professors, der 22 Jahre lang Präsident an der heutigen Columbia International University war. Robert McQuilkin hatte seine Stelle an der Universität aufgegeben, um seine an Alzheimer erkrankte Frau Muriel pflegen zu können. Er hat sich bewusst dazu entschieden, in diese Zeit einzutreten, obwohl ihm absolut klar war, dass das die totale Aufgabe seiner Bedürfnisse bedeutete. Er hat diese Entscheidung für sich getroffen und sich somit freiwillig in dieses Umfeld gestellt.

Das bedeutet Stärke, das bedeutet Identität.

Sich dem Umfeld ausgeliefert zu fühlen, ist hingegen die Kehrseite der Medaille. Dann hat man sich aufgegeben, ist gefangen in der Ravioli-Dose – und schafft den Weg heraus nur durch jemanden, der den Dosenöffner ansetzt.

KAPITEL 3

MUT ZUR IDENTITÄT

Ich bin regelrecht erschrocken! Und zwar deswegen, weil ich sehe, was sich manche Menschen selbst antun. Dabei meine ich nicht den Missbrauch von Alkohol, Medikamenten oder anderen Drogen – sondern den Missbrauch ihres Egos. Den Missbrauch ihrer Identität.

Missbrauch des Egos hört sich jetzt vielleicht extrem an, aber was ist es denn sonst, wenn sich Menschen ihr Leben lang anpassen, dadurch geknechtet werden, sich permanent überlastet fühlen, ihre ursprünglichen Überzeugungen und Werte verdrängen, und das nur, um „konform" zu sein.

Ich habe versprochen, hier nicht in irgendwelche Sphären abzuheben, möchte mich aber auf ein absolut treffendes Wort beziehen, das jemand aus der Psychologie verwendet hat: Die Psychologin und Psychotherapeutin an der Justus Liebig Universität Gießen und Marburg und Buchautorin Dr. Renate Frank. Sie spricht in ihrem Werk „Therapieziel Wohlbefinden – Ressourcen aktivieren in der Psychotherapie" in diesem Zusammenhang sehr trefflich von ‚Selbstverkümmerung'. Das bringt die Sache meiner Meinung nach exakt auf den Punkt: Unser ‚Selbst' verkümmert. Wie eine Blume in der Vase, die jeden Tag ein bisschen unansehnlicher wird, weil ihr die Hauptversorgung mit Wasser und Nährstoffen, die sie bisher von der Wurzel bekommen hatte, genommen wurde. Genau so geschieht es mit uns Menschen, wenn wir keine Bestätigung und Input von außen bekommen – wir verkümmern langsam. Jeden Tag ein bisschen mehr, bis von unserem ursprünglichen ‚Selbst' nichts mehr übrig ist. Und das ist genau das, was passiert, wenn wir uns anpassen.

Hier darf man natürlich nicht den Blick über den Tellerrand hinüber zu anderen Ländern und anderen Kulturen außer acht lassen, wo schon die Kleinsten ihre Stellung in der Gesellschaft und ihre Aufgabe im System Familie und deren Kultur anerzogen bekommen. Durch diese Aufgaben, die ihnen von Geburt an übertragen werden, sind sie fremdbestimmt. Ein Mädchen, das in einem islamisch geprägten Land zur Welt kommt, wird niemals dieselben Freiheiten besitzen, wie sein Bruder. Dieses Mädchen hat zum Beispiel seinen festen Platz beim Essen, in einer reinen Frauenrunde in einem separaten Raum, die erst dann essen dürfen, wenn die Männer bedient sind. Sie wird in eine klare Frauenrolle hineingeboren, aus der sie nicht entweichen kann. Ein Verstoß gegen festgesetzte Regeln kann den Ausschluss aus dem Familiensystem oder sogar Bestrafung bedeuten. Das sind andere Kulturen, mit denen ich uns nicht vergleichen will. Das nur nebenbei erwähnt.

Die Rolle der Frau war bei uns in Deutschland sogar noch bis in die 70er-Jahre hinein mit ähnlichen Einschränkungen versehen: Bis 1977 gab es die „Hausfrauenehe". Das heißt, dass der Mann für das Einkommen zuständig war und die Frau sich um Haushalt und Familie zu kümmern hatte. Eine Reform im Jahr 1977 führte das sogenannte Ehe- und Familienrecht ein, in dem festgelegt wurde, dass die Haushaltsführung ‚in gegenseitigem Einvernehmen' geregelt werden und jeder Rücksicht auf die Erwerbstätigkeit des anderen nehmen muss. Es ist also noch gar nicht so lange her, dass in unserer westlichen Kultur ähnliche einschränkende Bedingungen herrschten.

Allgemein gesehen genießen wir eine ganz andere Erziehung und Kultur, eine westliche Kultur, die durch Eigenverantwortung geprägt ist. Wir tragen also die Verantwortung für das, was wir sagen, tun oder eben nicht tun. Und das wird uns schon von Klein auf beigebracht: Hauen wir im Sandkasten mit der Schaufel dem Jungen neben uns eins über, müssen wir damit rechnen, auch eine verbraten zu bekommen. Machen wir wiederholt in Mathe keine Hausaufgaben, gibt es einen ‚blauen Brief' an die Eltern. Mache ich jetzt den Mund nicht auf, bekommt ein anderer Kollege die Titelstory. Für alles, was wir tun, haben wir die alleinige Verantwortung und tragen die logischen Konsequenzen daraus. Keiner nimmt uns das ab. Wenn wir uns in eine unglückliche Partnerschaft begeben, ist das auch unsere Entscheidung – zumindest in unserer westlichen Kultur.

Immer wieder in unserem Leben gibt es Punkte, an denen wir uns unbewusst entscheiden, ob wir einen Weg gehen, auf dem wir uns unterordnen müssen oder sogar wollen. Der Professor, der seine demente Frau pflegen wollte, hat sich bewusst in diese Situation gestellt, obwohl das Ganze fremdbestimmt war. Da war auf der einen Seite die Krankheit seiner Frau, an deren Existenz er nicht rütteln konnte. Auf der anderen Seite war jedoch seine Einstellung Muriel gegenüber als Partnerin, der er einmal ewige Treue geschworen hatte und die er noch immer so sehr liebte wie damals. Beide Seiten bestimmten die Situation. Was er daraus machte, lag jedoch völlig in seiner Hand. Er wählte selbstbestimmt einen unangenehmen Weg. An diesem Beispiel wird sehr gut deutlich, dass nicht alles, was uns einschränkt, völlig fremdbestimmt ist.

Und da spielt es eine riesengroße Rolle, wie wir uns selbst sehen.

Um das ein wenig besser zu verdeutlichen, möchte ich kurz in Kindheitserinnerungen kramen. Kennen Sie noch Aschenputtel? Ja genau, das ist das Mädchen, das von seiner bösen Stiefmutter die gemeine Aufgabe bekommen hat, Linsen aus der Asche herauszusortieren. Als Arbeitsbeschaffungsmaßnahme sozusagen, um Aschenputtel daran zu hindern, mit ihren Stiefschwestern auf einen Ball gehen zu können. Sie sitzt jetzt also vor dem Haufen Asche mit den ganzen Linsen und soll ‚die guten ins Töpfchen, die schlechten ins Kröpfchen' sortieren. Wenn wir mal so tun, als wären diese Linsen die Gesamtheit all unserer Eigenschaften, Vorlieben, Träume, Ziele, Ängste und so weiter – also unsere Identität – wüssten wir selbst, welche davon wir für uns ins Töpfchen sortieren (alles, was wir bei uns als gut erachten) und welche letztendlich im Kröpfchen landen würden (alles, was wir bei uns als schlecht erachten). Wird der Topf voller als das Kröpfchen, gibt das nicht nur eine prima Linsensuppe, sondern zeigt auch, dass wir ein starkes ‚Selbst' haben.

Menschen, die sich nur an zweiter Stelle sehen, zuallererst an alle anderen in ihrem Leben denken, ihre Bedürfnisse und Wünsche hinten an stellen und sich nicht achten, werden die meisten Linsen ins Kröpfchen sortieren. Das ist das Selbstbild, welches man von sich selbst hat. (Habe ich schon verraten, dass alles, was im Kröpfchen landet, als Dosensuppe eingekocht und als Quatsch mit Soße fest verschlossen weggestellt wird?)

Ganz ehrlich… das erschreckt mich!

Diese völlige Aufopferung kommt bestimmt bei all denen supergut an, die durch dieses Verhalten Vorteile haben: Der Partner, die Kinder, die Kollegen, die Nachbarn. Sie alle haben von uns ein sogenanntes Fremdbild: Sie sehen uns mit all unseren Eigenschaften, Vorlieben, Träumen, Zielen, Ängsten und so weiter ganz anders. Würde man diese Personen vor die Linsen in der Asche setzen und unsere Linsen einsortieren lassen nach dem bekannten Motto, würden sie höchstwahrscheinlich viel mehr der Hülsenfrüchte ins Töpfchen legen. Aus verständlichen Gründen: Wir opfern uns auf, stellen unsere Bedürfnisse hinten an und sorgen dafür, dass es den anderen gut geht. Aber eben nur aus deren Sicht und weil sie selbst davon profitieren. Wir – um die es ja schließlich hier geht – freuen uns, weil die anderen viel mehr Linsen ins Töpfchen sortiert haben, als wir das selbst getan haben. Für uns bedeutet das: Gut gemacht. Ich bin auf dem richtigen Weg, die Leute um mich herum mögen mich, schätzen mich und meine Art. Die vielen Linsen im Töpfchen bestätigen, dass ich meine Sache gut und richtig mache. So geht es mir gut.

Wirklich?

Das mag für einige zutreffen. Und warum? Weil es auf diese Art und Weise keinerlei Reibereien gibt. Schließlich lieben wir Harmonie. Versucht jemand anderes dem Angepassten seinen eigenen Standpunkt aufzudrücken – auch wenn der entgegen dessen Überzeugung ist – wird der Angepasste eher freundlich nicken (und sich seinen Teil denken) statt einer Diskussionsvorlage noch mehr Futter zu geben. Der Herausforderer ist zufrieden, der Herausgeforderte hat seine Harmonie. Supi!

Noch eins: Kennen Sie auch diese „Fähnchen"? Menschen in Unternehmen, die sich immer mit dem Wind drehen, die zu allem, was der Vorgesetzte sagt, kräftig nicken. Ob das nun deren Meinung entspricht oder nicht, ist absolut irrelevant. Die passen sich an, werden zum geschätzten Mitarbeiter (manche sagen auch „Spezi" dazu) und legen auch noch einen kräftigen Spagat in Richtung Kollegen hin. Schließlich darf ja keiner mitbekommen, dass man schlichtweg den Weg des geringsten Widerstands geht. Oder wie soll man das sonst nennen, wenn man versucht, dem Chef Honig um den Bart zu schmieren und gleichzeitig aufpassen muss, dass das im Team niemand bemerkt. Tschuldigung, aber ein bisschen Sarkasmus kann ich mir einfach nicht verkneifen. Ich kann ja verstehen, wenn jemand gerne gegenüber seinen Mitmenschen in einem guten Licht dastehen will – egal ob das die Vorgesetzten sind, die Kollegen, die Verwandtschaft oder der Partner.

Was aber ist da mit seiner Identität geschehen?
Hat der etwa keine?

Natürlich hat auch der eine Identität … er lässt sie aber nicht heraus. Vielleicht hat er nicht den Mut dazu, sie raus zulassen und zu zeigen. Denn was würde passieren, wenn er plötzlich nicht mehr im Duett mit seinem Chef trällert? Nicht nach den Ansichten der Familie agiert oder nach den Meinungen des Partners? Riecht ganz klar nach Konfrontation. Aber vor allem gehört eine beträchtliche Portion Mut dazu.

So – und was ist jetzt besser?

Ganz klar: es gibt keine Verallgemeinerung. Was für den einen okay ist, gestaltet sich für den anderen als untragbar. Für mich war es zum Beispiel extrem wichtig, meine Ehe zu überdenken –was mich natürlich nicht innerhalb von zwei Tagen zu einer Entscheidung gebracht hat. Vielmehr war das ein Prozess. Die Entscheidung letztendlich „aussteigen" zu müssen, habe ich für MICH getroffen. Für Sie klingt das jetzt wahrscheinlich knallhart und Sie mögen in mir eine Person sehen, die nur an ihr eigenes Wohl denkt und der alle anderen Betroffenen mit deren Gefühlen egal sind. Das kann ich hier absolut dementieren!

Ja, mir war bewusst, dass ich meine damalige Frau unglaublich verletzen würde!

Ja, mir war bewusst, dass meine Kinder sehr damit zu kämpfen haben würden!

Ja, mir war bewusst, dass ich meine Eltern damit kränken würde!

Mir war auch bewusst, dass mein Leben, so wie es bisher war, einen totalen Einbruch erleiden würde. Dass sich meine Freunde von mir wenden würden. Dass ich meine Eltern vor eine Situation stellen würde, die nicht mit deren Wertevorstellung zusammenpasst. Dass mein Schritt einen kompletten Rattenschwanz an Veränderung mit sich ziehen würde. Und was für mich am schlimmsten war: Dass meine Kinder unter meiner Entscheidung leiden würden.

Rabenvater? Egoist? Wie konnte der nur?

Genau das denken bestimmt 99,9 % von Ihnen jetzt darüber. Viele Menschen, die sich in einer ähnlichen Situation befinden, wie ich damals, gehen auch nicht diesen Schritt. Sie können es nicht. Der Druck und die Erwartungen von außen sind einfach zu groß.

Das Umfeld suggeriert: Du bist nicht richtig! Da steht man drin, mitten im Hurrikan. Entweder ist man jetzt eine Eiche, weil die Wurzeln der Überzeugung und des eigenen Standings tief sitzen und fest genug sind, um diesem heftigen Angriff Paroli zu bieten. Oder man ist eine Tanne mit nur flach greifenden Wurzeln und verliert schon zu Beginn des Sturms den Halt. Der eigene Zweifel an der Entscheidung war schlichtweg zu groß – der aufziehende Sturm hat den Sensiblen gebrochen. Ihm wird bewusst, dass er nicht so funktioniert, wie das von ihm erwartet wird. Er bekommt eine riesige Unsicherheit: Ich bin nicht in Ordnung! Ich bin nicht so, wie ich sein sollte, wie es der andere wünscht. Und das tut weh. Für ihn wird in diesem Moment klar, dass es besser ist so zu leben, wie es sich die anderen vorstellen.

Hier kommt mir wieder die Geschichte von Sylvia auf den Schirm, dem Mädchen, das in der Schule gemobbt wurde. Auch sie hatte diese riesengroße Unsicherheit und war teilweise selbst der Überzeugung, ‚schlecht' zu sein. Ihr eigenes Standing – ihre Wurzeln – und der Halt, den sie bei ihren Eltern erfahren hat, haben sie als Eiche aufrecht stehen lassen. Ein paar Äste sind im Sturm drauf gegangen, was sie heute immer noch merkt, wenn sie in der neuen Schule weiterhin alleine in der Pause steht, aber ihren aufrechten Wuchs und ihre Herrlichkeit als Baum hat sie nicht verloren. Das ist Identität!

Menschen, die sich anpassen, sind auf Dauer unglücklich und in ihrer Ravioli-Dose gefangen. Um damit besser umgehen zu können, belügen sie sich selbst. Sie reden sich entgegen ihrer Überzeugung etwas ein, was für sie nicht richtig ist. Akzeptieren es aber, um selbst akzeptiert zu werden. Manche können auf ihr Standing bauen, schaffen den Absprung und kosten jede Minute ihres neu gewonnenen Lebens. Andere leben ihr ganzen Leben mit einer Lüge und schaffen es irgendwie. Andere zerbrechen daran.

Das wollte ich definitiv nicht!

Ich habe für mich das Standing gehabt, dass ich zu jung bin, um mich in eine Ecke drücken zu lassen. Mir war klar, dass ich auf Dauer daran kaputt gehen würde. Vielleicht war der erlebte Burnout eine Vorwarnung. Und eine Sache wäre definitiv für mein bisheriges System Familie um einiges fataler gewesen: Wenn ich mich irgendwann komplett aufgegeben hätte!

Das kam für mich auf gar keinen Fall in Frage. Und das ist auch der Grund, warum ich dieses Buch für so extrem wichtig halte: Ich habe viel Negatives erlebt – ich habe aber auch viele tolle, unvergessene Momente erlebt, die ich niemals missen möchte. Erst durch meine eigene Erfahrung und die ganzen Jahre, die ich als Coach und Berater unterwegs bin, habe ich gelernt, was es bedeutet, ein eigenes Standing zu haben. Überall um uns herum gibt es Menschen, die merken, dass irgendetwas ‚im Argen' ist. Das ist zum einen gut, weil sie sensibel genug sind, um das überhaupt wahrzunehmen. Zum anderen kann das aber auch eine immense Belastung für diese Menschen sein, weil sie nicht wissen, was genau das ist. Sie können es nicht in Worte fassen.

Diese Betroffenen sind unbewusst auf der Suche nach etwas, fühlen sich gefangen. Manche Menschen finden nie die Ursache heraus, die sie in diese Situation gebracht hat. Diese brauchen Hilfe von außen – darauf komme ich noch später zurück. Andere kennen die Ursache, können oder wollen aber nicht für sich kämpfen und bleiben darin festgefahren. Das kann die unglückliche Ehe sein, die sich im Laufe der Zeit so entwickelt hat. Bei der über die Jahre hinweg vielleicht schon mehrere Versuche gestartet wurden, die Dinge wieder ‚ins Lot zu bringen', Paartherapien nicht gefruchtet haben und man in diesem ‚Ding' drin hängt und weiß, dass etwas passieren muss. Das kann der Beruf sein, der sich jeden Tag gleich monoton gestaltet, der Betroffene aber aus Angst, keinen besseren Job zu bekommen, einfach darin weitermacht. Das kann der Hauskauf sein, der eigentlich nicht hätte stattfinden sollen, weil die monatliche Belastung das Leben nicht mehr lebenswert macht, die Hausbesitzer aber unbedingt an ihrem Traum festhalten wollen. Das kann das heranwachsende Kind sein, das sich immer mehr abnabelt, seinen eigenen Weg geht, die Eltern aber weiterhin nicht von ihren Vorschriften ablassen können.

Egal was der Auslöser für diese ausweglos scheinende Situation auch sein mag – egal wie wir uns entscheiden und welchen Schritt wir machen – er tut weh.

Auch mein Schritt tat weh. Verdammt weh. Und er erforderte meinen ganzen Mut. Mut deshalb, weil ich wusste, dass sich jetzt alles, was mich in einer Art Sicherheit leben ließ, komplett in Luft auflösen würde. Diese Sicherheit war aber nur eine Scheinsicherheit, denn sie war nicht das, was ich mir für mein Leben vorstellte. Meine Sicherheit sollte anders aussehen.

Es ist doch eher die Gewohnheit, an die man sich klammert. An eine lieb gewonnene Komfortzone, die zu verlassen richtig Arbeit und Unmut bedeutet. Es ist doch nett zu wissen, was einen erwartet, wenn man abends nach Hause kommt. Es ist nicht schön, abends an einen Ort zu kommen, der als erste Zufluchtsstätte praktisch war, der sich aber nicht wie ‚zu Hause angekommen' anfühlt und an dem man doch wieder nur abends alleine vor dem Fernseher hockt. Aber ich wollte es ja so. Dazu habe ich mich entschieden, ohne genau zu wissen, wie es mit mir weitergehen sollte. Das kostete mich extrem viel Mut.

Ehrlich gesagt: Es ist vollkommen egal, wie wir uns entscheiden – natürlich nur rein theoretisch gesehen. Fakt ist, dass jede Entscheidung Konsequenzen in irgendeine Richtung hat. Und diese Konsequenzen können mit Verlust und Schmerz zu tun haben und können uns bis zu unserem Lebensende prägen, drücken, peinen. Die Frage hierbei ist:

Mit welcher dieser beiden Entscheidungen lebe ich meine Identität?

Egal für welchen Weg wir uns entscheiden – beide Wege sind hart, schwer und ungemütlich. Und da ist dieses Ding, das nicht passieren darf: Wir dürfen uns nicht verlieren auf diesem Weg! Denn das würden wir definitiv bereuen. Wenn man nach Jahren feststellt, dass man sich damals falsch entschieden hat und jetzt in diesem Ding drin sitzt – Beziehung, Haus, Job, Freunde. Dieses Aufwachen ist bei weitem härter.

Aber auch dann ist der Zug lange nicht abgefahren, denn wir sind Mensch und haben die Fähigkeit, uns immer weiter zu entwickeln und neue Entscheidungen zu treffen. Wir empfinden Situationen als schlimmer/weniger schlimm verglichen zu früher. Lebenserfahrung trägt dazu bei, dass wir neue Wege kennenlernen, genauso wie neue Möglichkeiten und Richtungen, ebenso aber neuen Unmut, Herausforderungen und Anspruch. Das ist wahrscheinlich auch der Grund, warum wir immer wieder in unserem Leben in Situationen kommen, wo wir Entscheidungen treffen müssen, die den Fortlauf der nächsten Tage, Wochen, Monate definieren. Ich rede jetzt nicht davon, morgens das blaue oder das gelbe T-Shirt anziehen zu wollen. Ich spreche hier von Entscheidungen, die wirklich etwas anstoßen. Den Unmut heraus lassen, für seine Meinung einstehen, die Entscheidung untermauern. Dann wird man zwar zu einem sehr unangenehmen Kandidaten, lebt aber seine Identität. Darin fühlen wir uns wohl – es geht uns gut damit. Hier ist es wieder, das Linsentöpfchen.

Es wird immer wieder Situationen oder Dinge geben, bei denen uns bewusst wird, dass wir nichts ändern können.

Und was jetzt?

Sollen wir diesen Schatten als Riesenlast auf den Schultern mit uns herumtragen? Oder doch lieber versuchen, dagegen anzukämpfen? Das schöne Sprichwort des griechischen Philosophen Aristoteles trifft das, was wir jetzt tun sollten, genau auf den Punkt:

Wir können den Wind nicht ändern, aber wir können die Segel richtig setzen.

Genau! Wir können es nicht mehr ändern, dass der Schulabschluss nicht für den Traumberuf ausgereicht hat, aber wir können unserem Ziel auf einem anderen Weg wieder ein Stück näher kommen. Wir können nichts mehr daran rütteln, dass das Projekt in die Hose gegangen ist, sondern mit den verbliebenen Mitteln einen Neuanfang beim nächsten Projekt starten und aus den alten Fehlern lernen. Wir haben alle Möglichkeiten ausgeschöpft, dem Mobbing in der Klasse ein Ende zu bereiten. Jetzt haben wir die Möglichkeit für einen Neustart an einer anderen Schule. Jetzt können wir mit den Erfahrungen unserer letzten Partnerschaft einen Neustart wagen, der uns sicher nicht mehr das gleiche erleben lässt – denn das, was wir vorher durchgemacht haben, hat uns geprägt. An der Vergangenheit gibt's nichts zu rütteln. Die ist passiert.

Sie sehen, worauf ich hinaus will? Genau. Wir können das Gegebene nicht ändern, aber wir können an uns arbeiten, das zu akzeptieren, was ist und mit den uns möglichen Mitteln das Beste daraus machen. Am Alten festklammern verschwendet nur unnötige Energie und frustet zusätzlich. Der schlechte Schulabschluss ist genauso Vergangenheit wie das geplatzte Projekt. Es ist passiert – und es hat uns geprägt.

Jetzt gilt es, sich diesen dunklen Schatten zu stellen und sie zu akzeptieren. Wir wissen, dass sie da sind, dass sie uns immer und überall hin begleiten – wenn wir das schon mal berücksichtigen und akzeptieren, geht es uns ein ganzes Stück besser – aber sie dürfen uns nicht mehr beherrschen. Sie dürfen nicht wieder Besitz von uns ergreifen. Auch wenn es immer mal wieder Tage gibt, an denen es uns schlecht geht, müssen wir die Kraft haben zu sagen: „Du Schatten. Ich weiß, dass es dich gibt, ich weiß, dass du da bist, aber jetzt setzt du dich zur Seite und hältst die Klappe. Ich habe hier das Sagen." Das mulmige Gefühl im Bauch ist zwar da und ich weiß auch, warum es da ist. Aber es bringt mich nicht wieder so weit, dass ich mich für den Rest des Tages auf die Couch legen muss und die Vorhänge zuziehe. Ich verschließe nicht die Augen davor, sondern nutze meine Erfahrung aus dem Erlebten und mache es ab jetzt anders.

Zugegeben – das ist nicht immer einfach.

Es ist sogar eine ziemliche Herausforderung, der wir uns da regelmäßig stellen müssen. Und wir schaffen es nicht immer, unsere Schatten zu akzeptieren. Was dann? Einigeln und hoffen, dass die Schatten wieder von alleine verschwinden?

Je nachdem, wie stark oder wie labil wir momentan sind, sitzen diese Schatten eben nicht neben uns und halten einfach die Klappe. Sie werden laut, sogar richtig aufmüpfig. Sie fordern ihr „Recht" wieder etwas sagen zu dürfen. Wie konnte es wieder so weit kommen? Was war denn jetzt bloß wieder der Auslöser dafür?

Hier brauchen wir **Mut zur Reflektion**. Was ist das? Wie geht das? Reflektieren heißt eigentlich nichts weiter, als das zu tun, was uns von anderen Lebewesen unterscheidet: nachdenken und überlegen. Wenn ein Löwe in der freien Natur Hunger hat, geht er auf die Jagd und erlegt das schwächste Tier aus einem Rudel Antilopen. Ob das jetzt ein schwaches Jungtier ist, das nur deshalb daran glauben muss, weil es noch nicht so schnell rennen kann wie seine Eltern, ist dem Löwen egal. Dass ihn ein größeres Tier für längere Zeit satt machen könnte und seine Sippe dazu, ist dem Löwen nicht wichtig. **Der Augenblick und die Chance zählen für ihn.** Als wir Menschen noch richtig gejagt haben, lief das etwas anders. Wir sind mit Taktik und Überlegung auf die Jagd gegangen, hatten Waffen entwickelt, die wir zusätzlich einsetzten und bei der Wahl unseres Opfers immer an unsere Sippenmitglieder gedacht. Mit den heutigen Möglichkeiten unserer Nahrungsbeschaffung hat das natürlich rein gar nichts mehr gemein, erklärt aber ganz gut den Unterscheid von uns zu anderen Lebewesen – obwohl deren Überlebenstaktiken auch nicht von schlechten Eltern sind.

Unser Körper sagt uns, dass etwas im Moment nicht stimmt. Ist es ein Druck? Pocht mein Herz heftiger als sonst? Fällt das Atmen schwer?

Was ist denn gerade überhaupt in meinem Körper los? Welche Emotionen hat die Vorherrschaft von mir übernommen? Fühle ich Wut auf mich selbst oder auf andere? Fühle ich Trauer, Unzufriedenheit? Wie fühlt sich das an? Und wo bin ich gerade? Auf der Couch, habe ich die Vorhänge zugezogen? Verschanze ich mich gerade? Oder ist in mir etwas drin, was ausbrechen könnte? Fühle ich mich vielleicht rastlos oder getrieben?

Jetzt gilt es zu reflektieren, was der Auslöser sein könnte: Habe ich etwas gesehen, gehört, gelesen, gerochen das wieder alte Erinnerungen geweckt hat? An dieser Stelle kann ich schon fündig werden. Komme ich hier allerdings nicht zu einem Ergebnis, kreisen die Gedanken weiter zurück – Stück für Stück. Auf diese Weise begebe ich mich auf eine **Expedition**. Und diese Expedition in eigener Sache braucht auch wieder gehörigen Mut, denn ich werde dabei mit meinen Gedanken an Stellen kommen, wo ich auch schon wieder bereuen werde, diese Expedition überhaupt gestartet zu haben. Meine Gedanken werden mich an Punkte bringen, die ich gerne aus meiner Vergangenheit streichen würde: „Oh Mann! Hätte ich bloß nicht diese Expedition gemacht, hätte ich jetzt nicht diese Gedanken!“ Das waren vielleicht Ereignisse und Erlebnisse, die mich viel Energie und Arbeit gekostet haben, die ich schon längst verdrängt hatte. Eventuell auch solche, die mein aktuelles Gefühl ausgelöst haben.

Dabei einen guten Freund an der Seite zu haben, tut gut und hilft oft, sich mit den alten Schatten besser auseinandersetzen zu können. Einfach jemanden an der Seite wissen, der vorbeikommt, den man anrufen kann und der einfach da ist, wenn die Schatten mal wieder zu laut werden.

Kennen Sie die Trilogie „Herr der Ringe“? Der Hobbit Frodo hatte auf seiner Abenteuerreise auch einen Freund – sein Name ist Sam – an seiner Seite, der ihm aus so manchem Schlamassel geholfen hat. Sam war für Frodo sogar mehr als ein guter Freund. Er war auch ein treuer Gefährte – ja eigentlich mehr noch: Er war für Frodo **der Fels in der Brandung**, wenn es hart auf hart kam. Sam war da, war an Frodo's Seite und hat ihn immer wieder bestärkt, wenn die dunkle Seite von ihm Besitz ergreifen wollte.

Auch wir brauchen ihn, diesen Freund. Einen Menschen, der Hilfestellung gibt. Dem man sagen kann: Hey, erinnere mich doch bitte jede Woche mindestens einmal daran, dass ich einen guten Job mache… regelmäßig an die frische Luft gehe… mal Zeit für mich nehme…

Der Freund wird zum Motivationsbarometer und bietet eine Grundlage zur Kommunikation – über die Dinge zu sprechen.

Es kann aber auch sein, dass es der Freund nicht schafft, uns aus der Talsohle zu holen. Dass wir schon so tief drinstecken und einfach den Zeitpunkt verpasst haben, dessen Hilfe anzunehmen und umzusetzen. Jeder Versuch des Freunds, uns zu helfen, kann dann komplett nach hinten losgehen und das wäre für ihn unverzeihlich. Er würde sich Vorwürfe machen, dass er unsere Situation nicht erkannt hat. Spätestens hier ist es an der Zeit, sich professionelle Hilfe zu holen. Auch ich habe das ein Jahr lang gemacht – und habe dadurch eine sehr große Unterstützung bekommen, die mir ein Freund nie hätte geben können. **Es ist keine Schande, sich Hilfe zu holen.** Im Gegenteil: Es ist sehr mutig, sich einzugestehen, dass man es alleine oder auch mithilfe des Freunds nicht mehr schafft. Eine professionelle Begleitung auf unserer Expedition.

Es ist ein Abenteuer, auf diese Expedition zu gehen. Immer!

Ob alleine, in Begleitung eines Freunds, eines Coachs oder eines Therapeuten.

Im vierten Kapitel nehme ich dieses Thema noch einmal genauer unter die Lupe. Aber eins kann ich abschließend zu diesem Kapitel sagen: Mit jedem Schritt, den ich weiter in diese Richtung gehe, finde ich mehr zu mir selbst und kann mich besser verstehen. Ich kann herausfinden, wer ich sein will und wer ich sein kann.

Dabei lernt man niemals aus und man ist mit jedem weiteren Schritt nie der, der man einmal war.

KAPITEL 4

WAS MACHT IDENTITÄT AUS?

Wissen Sie, wer Sie sind? Blöde Frage, klar wissen Sie das... oder? Sie wissen, was Sie total toll finden und was gar nicht. Sie wissen, was Sie herausfordert, was Sie bremst, was Sie zum Grübeln bringt. Sie wissen auch, was Sie anspornt und was Sie dazu bringt, Ihre Ziele zu realisieren.

Wie aber ist es eigentlich dazu gekommen, dass Sie so sind, wie Sie sind? Warum Sie jetzt hier sitzen und dieses Buch in Händen halten? Vielleicht sind Sie jemand, der schon immer mal wissen wollte, worum es bei dem Thema Identität geht, ohne sich gleich Fachbücher reinziehen zu müssen, die sowieso meistens nur die Fachleute verstehen. Schade eigentlich, denn im Grunde genommen geht das Thema alle an – den Schüler, den Studenten, den Auszubildenden, die Hausfrau, den Angestellten, den Professor, den Unternehmer. Jeder hat eine Identität, die Einfluss hat auf sein Denken, Fühlen, Handeln – und die dafür sorgt, dass man sich stetig weiterentwickelt.

Was gehört denn jetzt alles zu unserer Identität?
Was genau sorgt dafür, dass immer etwas Neues passiert?
Was lässt uns überhaupt innehalten und grübeln?

Okay, ganz langsam. Viele von uns sind sich gar nicht bewusst, was sie als Mensch ausmacht, welche Ursprünge das hat, was dem zugrunde liegt, wer oder was das beeinflussen könnte und so weiter. Manche Dinge machen wir automatisch, wie selbstverständlich. Andere Dinge machen wir erst nach reiflicher Überlegung. Den wenigsten unter uns ist es jedoch bewusst, welche Dinge wir tun, weil wir das so wollen und auf der anderen Seite **welche Dinge gesteuert sind** – gesteuert von etwas anderem. Damit meine ich nicht gesteuert von anderen Personen, die durch ihr Verhalten etc. unser Tun beeinflussen. Ich meine die anderen Dinge, die da gerade Einfluss auf uns und unser Tun nehmen.

Etwas, was einen sehr großen Einfluss auf uns nimmt, ist die Angst. Die dürfen wir auf keinen Fall unterschätzen! Sie hat eine unglaublich starke Wirkung auf uns, weil sie uns hemmen, zurückhalten oder sogar aufhalten kann. Da ist zum Beispiel die Angst den Job zu verlieren, zu versagen, sein Gesicht gegenüber den Freunden zu verlieren, den Partner zu verletzen, die Eltern zu enttäuschen, krank werden zu können und so weiter. Ist dieses Gefühl der Angst da, hat es auch schon die Oberhand über uns gewonnen. Es sagt uns, wo's lang geht. Im Klartext heißt das: Nicht wir bestimmen dann was Sache ist, sondern die Angst, die uns wie ein kalter, dunkler Begleiter im Nacken sitzt. Sie herrscht über uns und übernimmt die Regie über uns und unser Handeln.

Jeder von uns kennt Situationen aus dem Leben, die von Angst bestimmt waren. Momente, in denen wir uns aus Angst entschieden haben, doch einen anderen Weg zu gehen, als den, den wir eigentlich gehen wollten. Eine Bekannte von mir, Mitte 40 und Mutter zweier Teens, arbeitet im Gemeindebüro ihres Wohnorts. Vor kurzem hat sie mir erzählt, dass sie sich im kommenden Semester endlich ihren Jugendtraum erfüllen und ein Architekturstudium starten wird. Sie sagte: „Weißt Du, damals habe ich mich dazu entschieden, mich um meine Familie zu kümmern. Das habe ich gut hinbekommen, finde ich. Jetzt sind meine Kinder schon super selbstständig und ich habe die Chance, mir meinen großen Traum zu erfüllen." Cool – dachte ich nur. Die Frau hat klare Vorstellungen für ihr Leben, hat sich immer neue Ziele gesetzt und kann jetzt mit einem Lachen auf dem Gesicht ihrem wichtigsten Ziel entgegensehen. So kann man's machen.

Wie ist das bei Ihnen?

Mal ganz ehrlich: Haben Sie schon mal für sich definiert, wie Sie was leben möchten, wie Sie die Dinge anpacken oder sie verändern möchten? Sie müssen jetzt nicht gleich in Panik geraten, denn ich kann Ihnen eins sagen: Die wenigsten haben das gemacht. Allerdings haben es diejenigen tatsächlich gemacht, die heute erfolgreich sind. Die haben für sich immer wieder Ziele definiert, sich diese ständig vor Augen geführt und genau darauf hingearbeitet.

Ziele setzen ist allgemein ein großes Thema. Sie kennen doch sicher die ganzen Motivations- und Erfolgsseminare da draußen. Jede Firma bietet ihren Mitarbeitern so etwas von Zeit zu Zeit an, sei es, um die Crew für eine Messe fit zu machen, das Top-Verkaufsteam für den nächsten Megaauftrag einzustimmen oder Führungskräfte auf das Erreichen der Unternehmensziele zu trimmen. Diese Veranstaltungen sind top, keine Frage – und überall bekommen die Teilnehmer erzählt, wie wichtig es ist, seine Ziele schwarz auf weiß festzuhalten. Großes Nicken in der Runde. Die Theorie ist schließlich klar. Aber wer setzt es wirklich um? Genau: Die Erfolgreichen.

Der Jahreswechsel ist immer eine prima Gelegenheit dazu, Ziele für das neue Jahr zu definieren. „Ich höre jetzt auf zu rauchen“, „Ich werde in diesem Jahr weniger Süßkram essen“, „Ich will mindestens 5 Kilo abnehmen“, „Ich will mich im Team mehr einbringen“… Im Kopf haben viele Menschen klare Ziele vor Augen. Sie machen nur diesen einen Fehler: Sie schreiben sich diese Ziele nicht auf. Die ersten Tage im Januar gehen dahin – noch mögen die Ziele in Gedanken da sein

– aber mit den Wochen werden auch diese immer blasser und blasser, bis sie gar nicht mehr aus dem Gedächtnis hervorgeholt werden können. Tja … Chance vertan. Und der Ansporn ist auch gleich null.

Warum?

Gehen Sie gerne einkaufen? Ich nicht unbedingt. Aber ich habe diesen kleinen Zettel bei mir mit allem drauf, was ich einkaufen muss. Jedes mal wenn ich etwas in den Einkaufswagen gelegt habe, streiche ich das auf meinem Zettel durch. Wenn ich es schaffe, alles in diesem einen Laden zu bekommen, zerknäule ich gleich dort den Zettel und werfe ihn in den Mülleimer. Das tut gut. Wieder etwas erledigt! Muss ich noch woanders hin, um alle Sachen auf meinem kleinen Zettel zu besorgen, werfe ich diesen etwas später weg, sobald auch das letzte Teil besorgt ist. Erledigt. Der Kopf ist wieder frei und offen für Neues. Das mag nur eine Kleinigkeit in diesem Moment sein, die ich superleicht erledigen kann – im Gegensatz zu anderen Dingen, die mich täglich begleiten – aber das Durchstreichen verschafft mir jedes mal ein klitzekleines gutes Gefühl. Können Sie sich vorstellen, wie sich das anfühlt, wenn Sie Ihre Ziele schriftlich auf einem Blatt festgehalten haben und durchstreichen können, sobald eins erreicht ist?

Das ist ein absolutes Highlight!

Ein Ansporn hoch zehn! Der schafft wiederum den richtigen Drive, das nächste Ziel anzugehen. Ganz wichtig hierbei ist, dass Sie sich kleine, realisierbare Ziele formulieren. „Ich will bis zum Sommer wieder in meine Badehose reinpassen" ist ein nettes Ziel. Es ist aber zu weit weg, wenn Sie das im Winter formulieren. Die Gefahr, dass der Drive verloren geht, ist einfach zu groß. Kleine Schritte wie: „Bis zum Ende des Monats möchte ich 2 Kilo runter haben!" sind realistisch und können mit Genuss durchgestrichen werden. Je nachdem wie gut das mit den ersten 2 Kilo geklappt hat, können Sie sich für den nächsten Monat sogar schon mehr vornehmen.

Wenn man sieht, dass man etwas erreicht hat – das haben Sie dann schwarz auf weiß, nicht vergessen – ist das eine direkte positive Selbstbestätigung. Absolut wichtig dafür zu definieren, wie man Dinge anpacken und verändern möchte.

Auch durch die Rollen, die wir in unserem Leben innehaben, können wir Dinge anpacken und verändern. Oder eben nicht. Jedes Setting, in dem wir uns befinden – sei es im Büro mit Kollegen und Vorgesetzten, bei Kundenterminen, zu Hause mit der Familie, bei Freunden und so weiter – hat damit zu tun, wie wir vorgegeben haben, in dieser Rolle sein zu wollen. Im Idealfall bestimmen wir selbst, wie wir unsere Rolle ‚spielen' (das soll hier nicht negativ gemeint sein). In der Regel ist es aber eine ganz andere Frage, die dabei auftaucht: **Wer führt Regie damit diese Rolle dann auch umgesetzt wird?** Das ist der Punkt, an dem mir oft selbst bewusst wird: Regie führt jemand ganz anderes. Das bin nicht ich. Diese Feststellung kann hart sein. Das sind die Momente, an denen ich mich frage, wer oder was sitzt denn da auf dem Regisseurstühlchen? Wenn ich an diesem Punkt anfange, selbst zu reflektieren – mir also zu überlegen, was da gerade passiert und mich an diesen Punkt gebracht hat – ist das für mich eine Herausforderung. Das ist nicht immer einfach, aber absolut wichtig, um besser mit der Situation umgehen zu können. Auf diesen Weg zu einer möglichen Lösung gehe ich im letzten Kapitel „Der Ruf des Helden" (Seite 141) genauer ein.

Es gibt diese unterschiedlichen **Bereiche**, die Identität ausmachen – meiner Erfahrung nach sind es genau vier Bereiche, auf die ich nachher in diesem Kapitel im Einzelnen zu sprechen komme – und die wieder dafür verantwortlich sind, wer Regie führt. Ein Beispiel dafür sind Glaubenssätze. Wie sind wir durch unser Umfeld geprägt worden und welche Glaubenssätze haben wir verinnerlicht, die dazu beitragen, dass wir uns auf diese bestimmte Art und Weise in unseren unterschiedlichen Rollen verhalten? Nehmen wir mal eine Aussage, die wir vielleicht von unseren Eltern mitbekommen haben: „Du bist das wert, was du leistest." Ein Satz, der uns überall hin begleitet, weil wir ihn so sehr verinnerlicht haben. Welche Auswirkungen hat diese Aussage im Business oder zu Hause in der Familie? Die Frage ist, wie transportiere ich das weiter in diese Richtungen und welche Auswirkungen hat das auf mein Denken, Fühlen, Handeln? Unser Wertesystem ist also ein Teilbereich, der dafür verantwortlich ist, wer oder was hier Regie führt.

Wer führt eigentlich Regie, wenn wir etwas tun, was nicht unserer Identität entspricht? Ich rede in diesem Zusammenhang gerne von ‚artgerechtem' Leben. Ist das etwas oder jemand, das von außen kommt? Ist es mein Umfeld, sind es Personen, ist es unsere Erziehung, unsere Gesellschaft, ist es unsere Unternehmenskultur? Wer ist denn dafür verantwortlich, dass ich mich jetzt so oder so verhalte? Das ist ein ganz spannendes Thema, finde ich, denn **‚echt sein'** bedeutet ja **‚Rückgrad haben'**. Ein Standing haben. Man muss sich positionieren und wissen:

Das ist das, was mich ausmacht. Nach diesen Kriterien lebe ich und da lasse ich mir von nichts und niemandem reinreden!

Wenn wir so weit sind und dieses Standing haben, stellen wir fest: Okay, das ist ja auch sehr risikoreich, wenn ich hier mein Standing vertrete! Und an dieser Stelle wird uns bewusst, dass wir unangenehm anecken, denn dann bekommen wir unweigerlich die Einstellung zu spüren, die in unserer Gesellschaft so stark vertreten ist: Ihr müsst Euch integrieren! Tragt bloß nicht eure Meinung nach draußen, es könnte euch an den Kragen gehen. Eine Mitarbeiterin hat mir in diesem Zusammenhang von ihrer Freundin erzählt, die auch schon feststellen musste, dass sie ständig irgendwo aneckt, weil sie ihren Standpunkt kund tut und hinter dem steht, was sie sagt. Es ist ihr natürlich bewusst, dass sie mit ihrer Art nicht gut bei vielen Mitmenschen ankommt, aber sie sagt dazu: „Ich habe mich damit inzwischen arrangiert. Ich weiß, dass ich dadurch nicht überall gemocht werde, aber ich sehe nicht ein, mich zu verbiegen." So stark muss man erst mal sein. Hut ab! Wer damit nicht zurecht kommt, nimmt automatisch Abstand von ihr. Das ist eine Möglichkeit, sein Standing kundzutun. Außerdem bedeutet ‚ein Standing haben' auch, mal die Klappe halten zu können. Wer immer und überall seinen Standpunkt durchboxt, gerät schneller zum Außenseiter, als ihm lieb ist. Stark ist, wer genug Fingerspitzengefühl aufweist und auch mal schweigen kann.

Tja, man hat es schon nicht leicht in unserer Gesellschaft, wenn man so wenig wie möglich anecken möchte.

Es gibt mehrere **Theorien zur Identität**. Einige davon – sie werden konstruktivistische Identitätstheorien genannt – besagen, dass der Mensch zu Beginn seines Lebens ein Original ist. Einzigartig. Dessen Kern (die Identität) kann sich entsprechend entwickeln und entfalten, wenn es die Umgebung angemessen unterstütz und ihm dazu den nötigen Raum bietet. Der Mensch erfährt Anerkennung für seine Individualität, wird in seinen Talenten gefördert und genießt gleichzeitig Freiheit und Toleranz. Das ist der Idealfall und trägt dazu bei, dass sich der Mensch zu einer starken Persönlichkeit entwickelt.

Coole Theorie.

Die hat aber auch eine andere Seite und diese andere Seite ist eben auch in unserer Gesellschaft vertreten: Der Mensch wird als Original geboren, erfährt aber in seiner Umgebung wenig Verständnis, wird nicht beachtet und in seiner Entwicklung eingeengt. Unter diesen Voraussetzungen entwickelt sich dieser Mensch dann zu einer schwachen Persönlichkeit. Er wird in seinem Leben ständig auf der Suche sein nach sozialen Kontakten, Anerkennung und Bestätigung. Seine Entwicklung wird immer eingeengt sein und ihn an sich zweifeln lassen.

Das hört sich jetzt nicht besonders erfreulich an. Vielleicht finden Sie sich auch, mehr oder weniger, in einer dieser beiden Theorien wieder. Fakt ist, dass ein Mensch, der in seiner Entwicklung eingeengt wurde, sich ständig wie ‚getrieben' fühlt, soziale Fähigkeiten und Leistungen weiter auszubauen. Für ihn ist klar, dass er diese Fähigkeiten nur dann bekommt, wenn er in seinen Rollen funktioniert. Erfährt ein Kind beispielsweise vonseiten der Eltern keine Anerkennung für seine schulischen Leistungen, versucht es, sich von anderen Seiten Anerkennung zu holen. Das können andere Personen des Vertrauens sein wie Freunde, Lehrer oder Großeltern. Es wird sich weiterhin anstrengen, auch die Gunst der Eltern zu erlangen – und sei es auf einem völlig anderen Weg. Durch die Bestätigung anderer Personen hat es gelernt, dass es seine Sache gut macht und bekommt zum Teil Bestätigung dafür. Dieser Motor genügt, um es zu weiteren Leistungen anzuspornen.

Jetzt kommt es darauf an, wie sich das Kind selbst sieht. Passt sein inneres Empfinden mit dem, was es nach außen hin – durch sein Handeln und seine Kommunikation – zeigt, überein? Wenn es feststellt, dass beide übereinstimmen, ist das nicht nur für das Kind selbst sondern auch für alle Außenstehenden echt. Dann ist das Identität. Passen das innere Empfinden nicht so gut mit dem überein, was das Kind nach außen zeigt, gibt es die Möglichkeit, das wieder stimmig zu machen. Das Ziel wird dann sein, authentisch zu werden. Was sich jetzt so locker flockig anhört, ist ein langer und wahrscheinlich auch beschwerlicher Prozess. In diesem Prozess wird das Kind – oder später auch der Erwachsene – immer wieder an Stellen im Leben kommen, die ihn dazu auffordern, sich kritisch mit sich selbst auseinanderzusetzen. Das können Momente sein wie das Scheitern bei einer Klassenarbeit oder in einem Projekt, ständige Absagen auf Bewerbungen, Trouble mit dem Partner oder die Diagnose einer Krankheit. Für manche Menschen können solche Momente fast den totalen Einbruch bedeuten. Das kann wie ein dunkler Tunnel sein, dessen Ausgang durch ein Erdbeben verschüttet wurde. Manchmal dringen nicht mal mehr die kleinsten Lichtstrahlen durch. Wer in solchen Momenten alleine ist, kann daran zerbrechen und in dieser völligen Dunkelheit gefangen bleiben. Wer es alleine nicht schafft, in solchen Momenten innezuhalten und zu reflektieren, sollte die Hilfe anderer annehmen, um mögliche Lösungswege ausfindig zu machen und neue Kraft zu schöpfen für die nächsten Schritte und Ziele.

Unser Leben ist gespickt mit solchen Momenten, die von uns das Äußerste abverlangen. Wie wir die nächsten Schritte angehen, liegt komplett bei uns selbst. War das Projekt schlecht vorbereitet, wurde im Team etwas vergessen, haben Informationen gefehlt? Bin ich zu sehr eingespannt in meinen Job und vernachlässige dadurch meine Familie? Was bedeutet für mich die Diagnose XY jetzt? Was kann ich als nächstgelegenen Schritt tun?

Wie wir das tatsächlich verkraften und umsetzen, liegt an den vier Bereichen, die uns und unsere Identität ausmachen:

» **Persönlichkeit und Charakter**
» **Wertesystem**
» **Sinn und Lebenszweck**
» **Weltanschauung**

Echt sein, zum Anfassen sein, authentisch sein – all das wird von diesen vier Bereichen bestimmt. Auf den ersten Blick sehr umfassende Begriffe, aber in sich absolut schlüssig. Ich möchte die vier Aspekte kurz ansprechen und gleich darauf im Einzelnen ins Detail gehen.

Ganz eng zusammen mit Identität werden oft die Begriffe **Persönlichkeit und Charakter** genannt. Was aber heißt Persönlichkeit? Hier nehme ich gerne das Beispiel mit dem Baum. Ein Baum hat unter anderem eine Baumrinde, er hat Jahresringe, Wurzeln und Astwerk. Die Baumrinde ist das, was wir außen wahrnehmen und was auch mit unserem Verhalten zu tun hat. Die Jahresringe symbolisieren unsere Persönlichkeitsstruktur. Die Wurzeln symbolisieren, wo wir ‚geerdet' sind, also unser soziales Umfeld und die Äste sind das Ergebnis unseres Wachstums über die Jahre hinweg. Alles zusammen beeinflusst und prägt unsere Identität und ist das, was uns ausmacht.

Der zweite Aspekt ist alles, was mit unserem **Wertesystem** zu tun hat. Für mich ist das ein ganz wichtiger Punkt, weil wir in einer Zeit leben, in der nach Werten gesucht wird, an denen man sich orientieren kann. Mir fällt in diesem Zusammenhang der Satz ein: „Werte sind wie Leitplanken fürs Leben". Sie sorgen für Sicherheit, damit wir nicht vom Weg abrutschen. In Verbindung mit Firmen hört man ganz oft: Das Wertesystem des Unternehmens. Im gleichen Atemzug wird erwartet, dass die Mitarbeiter sich mit dem Wertesystem identifizieren müssen, wenn die Firma gesund sein und bleiben soll. Das ist ganz eindeutig eine Herausforderung für die Unternehmen.

Der dritte Aspekt ist ganz klar **Sinn und Lebenszweck**. Auf der einen Seite geht es dabei um die Fragen: Was gibt unserem Leben Sinn? Das ist das, was wir mit uns selbst vorhaben, was wir uns vorstellen, erreichen zu können. Dabei stellen wir uns unbewusst die Frage: Ist das denn sinnvoll, was wir da tun? Auf der anderen Seite fragen wir uns: Warum sind wir eigentlich hier? Was ist unsere Mission, unser Lebenszweck? Was ist unser Job hier auf dieser Welt und was wollen wir eigentlich hinterlassen?

Der vierte Aspekt ist alles, was mit **Weltanschauung**, Glaube und Spiritualität zu tun hat und auch ganz stark dazu beiträgt, wie unsere Identität aufgestellt ist.

Diese vier Bereiche möchte ich jetzt gerne genauer durchleuchten.

4.1 | WAS MACHT IDENTITÄT AUS?

Persönlichkeit und Charakter

Wissenschaftlich beschrieben hört sich die Definition von Persönlichkeit und Charakter eher trocken an. Von dieser Betrachtungsweise her ist die Persönlichkeit eines Menschen die Einzigartigkeit seiner Eigenschaften, die ihn von anderen Menschen unterscheidet. Allerdings haben sich Forscher in all den Jahren nicht auf eine gemeinsame Definition dieses Begriffs einigen können.

Im Wortteil ‚Person' steckt das lateinische Wort ‚persona' und stand im alten Rom für ‚Rolle, Charakter, Maske'. Vielleicht können Sie sich an die alten Filme erinnern, in denen Tänzer und Schauspieler oft diese lachenden, weinenden oder wütenden Masken trugen. Diese Masken verkörperten die Eigenschaften der dargestellten Personen und zeigten den Charakter einer Rolle. Schon Hippokrates (kurz zur Auffrischung: 460 bis 377 v. Chr.) hat sich mit der Persönlichkeit beschäftigt und den Menschen in verschiedene Temperamentstypen aufgeteilt. Im Laufe der Jahre haben weitere viele große Namen der Psychologie und Philosophie immer wieder Studien zu diversen aufgestellten Theorien durchgeführt, was zeigt, dass für diesen Bereich des Menschen schon seit sehr langer Zeit ein großes Interesse vonseiten der Wissenschaft besteht. Und auch weiterhin bestehen wird.

Ich will Sie hier aber nicht in tiefenpsychologische Welten entführen, schließlich soll das Thema für Sie zum Anfassen sein.

Wie aber kommen wir jetzt zu unserer Persönlichkeit? Kann sich diese verändern? Was, wenn wir nicht unserer Persönlichkeit entsprechend leben können – im Alltag wie im Beruf?

Um diese Fragen klären zu können, müssen wir zum Tag unserer Zeugung zurückgehen. Unsere Persönlichkeit bekommen wir ein Stück weit in die Wiege gelegt. Der andere Teil entwickelt sich im Laufe unseres Heranwachsens. In der ersten Lebensphase – die grob gesehen mit dem Eintritt ins Erwachsenenalter abschließt – formen Eltern, Geschwister, Großeltern, Erzieher, Freunde und Lehrer unseren Charakter. In der zweiten Lebensphase ‚erziehen' wir uns selbst, reifen und entwickeln uns weiter. Die größte Persönlichkeitsformung erleben wir in der Pubertät, wenn wir eine sehr turbulente Phase durchlaufen – unsere Eltern können davon ein Lied singen. Aber auch über das 30. Lebensjahr hinaus entwickeln und verändern wir unsere Persönlichkeit, was eine Studie aus dem Jahr 2003 (Srivastava et al.) mit über 130.000 Testpersonen zwischen 21 und 60 Jahren beweist. Allerdings werden wir Menschen nach dem 30. Lebensjahr emotional stabiler und legen nicht mehr so eine krasse Persönlichkeitsentwicklung an den Tag, wie zu unserer Sturm-und-Drang-Zeit.

Apropos Sturm… Persönlichkeit ist nichts, was man greifen kann. Es ist vielmehr ein Konstrukt – wie ein Baum.

Ein **Baum** kann stark sein, mit einem mächtigen Wurzelwerk an einem dicken Stamm, der sich weiter oben in viele stabil gebaute Äste verzweigt, an denen wiederum gesunde grüne Blätter hängen. Einen Sturm kann solch ein Baum supergut überstehen, oder? Warum denken wir das? Lassen Sie uns mal dieses Gewächs etwas genauer unter die Lupe nehmen. Wenn man sich einen Baum anschaut, sieht man erst mal nur sein Äußeres: Ist der Stamm dick und mächtig gewachsen, oder ist er eher dünn mit eventuellen Wülsten hier und da? Steht der Baum vielleicht etwas schief oder ist er gerade nach oben gen Sonne gewachsen?

Dieses Bild möchte ich gerne mit einem Menschen vergleichen.

Wir stellen uns folgendes vor: Der gesund aussehende, mächtige Baum verkörpert einen Menschen, der – mit den Augen aller anderen von außen gesehen – mitten im Leben steht. Der Baum weiß, ob er eine Buche, eine Eiche oder eine Fichte ist. Er ist also aufgrund seines Erbguts ein bestimmter Baum. Auf uns übertragen bedeutet das: Auch wir sind aufgrund unseres **Erbguts** ein bestimmter Mensch. Daran lässt sich nichts rütteln. Selbst wenn ein Mensch einen eineiigen Zwilling hat, gibt es allein im Aussehen immer Unterschiede – wenn auch geringfügig und für manche nicht sofort erkennbar.

Die Zwillingsforschung ist für Wissenschaftler heute immer noch total interessant, denn sie gibt Aufschlüsse darüber, welche Eigenschaften eines Menschen von den Genen vorbestimmt sind und welche sich durch Erziehung und Umwelt erst entwickeln. Wenn ein Zwilling in derselben Familie aufwächst, wirken auf ihn dieselben äußeren Bedingungen ein. Schon im Mutterleib geht das los. Da bekommt ein Zwilling dieselben Speisen wie sein Bruder oder seine Schwester, erlebt dieselben Aufregungen der Mutter, nimmt dieselben Geräusche wahr etc. Sobald beide geboren sind und in ihrer Familie aufwachsen, erleben sie dasselbe Umfeld, denselben sozialen Status, dieselbe finanzielle Situation, Kultur, Gesellschaft und so weiter. Und trotzdem sind Zwillinge total unterschiedlich in Persönlichkeit und Charakter.

Eineiige Zwillinge sind deshalb so interessant für die Forschung, weil sie supergut Aufschluss über vererbte Eigenschaften geben können, denn wenn die ‚Rahmenbedingungen' identisch sind, müssen Unterschiede in den Eigenschaften vererbt sein – meinen die Wissenschaftler. Da bei eineiigen Zwillingen die Gene identisch sind, taucht eine Eigenschaft – wenn sie vererbt wurde – bei beiden Zwillingen auf.

Oder bei beiden überhaupt nicht.

Haben Sie schon mal was von den ‚Big Five' gehört? Nein, ich meine nicht den afrikanischen Elefanten, das Nashorn, den afrikanischen Büffel, den Löwen und den Leopard. Sondern die **fünf Säulen der Persönlichkeit**, die von den Psychologen treffend ‚Big Five' genannt werden. Dabei handelt es sich um Unterteilung der menschlichen Eigenschaften in Kategorien. Diese unterteilen sich so:

Emotionale Stabilität
Hier geht es um: Ängstlichkeit, Depression, Befangenheit, Verletzlichkeit, Reizbarkeit

Extraversion
Damit gemeint sind: Geselligkeit, Frohsinn, Aktivität, Erlebnishunger, Durchsetzungsfähigkeit, Herzlichkeit

Offenheit für Erfahrungen
Darunter fallen: Gefühle, Handlungen, Ideen, Fantasie, Werte & Normen, Ästhetik

Gewissenhaftigkeit
Das beinhaltet: Selbstdisziplin, Pflichtbewusstsein, Kompetenz, Leistungsstreben, Ordnungsliebe, Besonnenheit

Verträglichkeit
Hier geht es um: Vertrauen, Entgegenkommen, Bescheidenheit, Gutherzigkeit, Selbstlosigkeit

Eine Untersuchung an der Universität Bielefeld mit 300 erwachsenen gleichgeschlechtlichen Zwillingspaaren sollte Aufschluss darüber geben, wie weit genetische Faktoren diese Persönlichkeitsmerkmale vorbestimmen. In dieser Studie – der ‚German Observational Study of Adult Twins, GOSAT – wurden die Zwillingspaare in unterschiedlichen Situationen beobachtet und zwar in solchen, in denen sie wussten, dass sie getestet werden und in solchen, in denen sie es nicht wussten, wie zum Beispiel wenn sie auf den nächsten Test warteten. Jeder Zwilling wurde von 60 (!) Beobachtern unter die Lupe genommen.

Das Ergebnis war interessant: Zu 42 Prozent steuern die Gene zum unterschiedlichen Verhalten zwischen Menschen bei. Die gemeinsame Umwelt macht 26 Prozent aus, 32 Prozent fallen auf Erfahrungen, die jeder in seinem Leben gesammelt hat. Die 42 Prozent bedeuten aber nicht, dass eineiige Zwillinge identisch sind in ihrem Verhalten. Das Ergebnis besagt lediglich, dass die Gene die Tendenzen im Verhalten beeinflussen. Wie sich jeder letztendlich in einzelnen Situationen verhält, liegt natürlich individuell an demjenigen selbst. Neurologen konnten mitunter feststellen, dass einige Gehirnregionen sogar genetisch vorbestimmt sind – das haben Wissenschaftler an der RWTH Aachen herausgefunden, die die Gehirnaktivitäten von eineiigen Zwillingspaaren und deren weiteren Bruder oder Schwester im Magnetresonanztomographen (MRT) miteinander verglichen haben. Die Forscher haben hier ebenso herausgefunden, dass die Gene nicht zwingend unser Handeln vorgeben. Zwar gibt es diese Bereiche in unserem Gehirn, die genetisch angelegt sind, aber sie werden nicht von jedem Menschen gleich genutzt.

Das sind echt bemerkenswerte Ergebnisse!

Alle Menschen unterscheiden sich also generell. Jeder Mensch ist demnach ein Individuum (wollen wir mal hoffen, dass das auch so bleibt). Jede Buche ist ebenfalls ein Individuum, denn auch unter den Buchen gleicht keine der anderen. Selbst wenn die Samen in ein und demselben Herbst auf den Boden gefallen sind und langsam zu keimen begonnen haben, wächst jede kleine Buche ganz anders an und weiter. Dafür gibt es verschiedene Faktoren: stehen vielleicht ganz viele kleine Buchen auf engstem Raum, ist die gegenseitige Konkurrenz ums Überleben und Wachsen enorm hoch. Jeder strebt nach viel Sonnenlicht, möchte schneller als die anderen nach oben und am besten das ganze Licht für sich alleine haben. Schafft das eine kleine Buche, haben die anderen das Nachsehen. Sie werden immer im Schatten der größeren Buche stehen, während diese stetig weiter an Größe und Kraft zulegt. Nach ein paar Jahren wird es wenige große Buchen geben und andere in deren Nähe auffallend kleiner sein.

Ein weiterer Faktor ist, auf welchem Untergrund die Wurzeln an- und weiterwachsen. Ist es felsig, dann müssen sich die kleinen Pflanzen die besten Stellen erkämpfen und sich so gut wie möglich erden, um nicht vom nächsten stärkeren Wind heraus gerissen zu werden. Wächst der kleine Baum an einem Hang an, muss sich die eine Seite, die dem Hang abgewendet ist, damit abfinden, dass ein Teil ihrer Wurzeln nicht direkt mit dem schützenden und nährenden Erdreich verbunden ist. Das ist eine weitere Herausforderung bei zum Beispiel Trockenheit oder extrem kalten und harten Wintern.

Auf uns Menschen übertragen sind die **Wurzeln** das soziale Umfeld, in das wir hineingeboren werden und in dem wir aufwachsen dürfen. Mit guten Voraussetzungen (das ist die Buche, die an einem besonders günstigen Platz keimen konnte, entsprechend schnell wächst und das meiste Sonnenlicht abbekommt) ist unsere Chance, gut geerdet aufzuwachsen, am größten. Auch wenn wir in supergeniale Bedingungen hineingeboren werden, wird es trotzdem immer wieder Momente geben, die für uns hart sind. Das sind die Stürme, die ab und an aufziehen und unseren Baum herausfordern. Jetzt kommt es darauf an, wie gut die Erdung ist, was wir aus dieser Situation machen und wie wir uns entscheiden. Diese Lebensstürme können richtig heftig sein. Sie können uns umhauen und uns ohne die Hilfe Dritter am Boden liegen lassen. Sie können uns aber auch abhärten und unsere Rinde noch fester werden lassen. Wir können diese Herausforderungen als Chance sehen zu wachsen, uns weiterzuentwickeln und neue Wege einzuschlagen.

Mitten in diesem Orkan sehen wir das jedoch nicht!

Das habe ich selbst erlebt. Ich fühle aber auch – und so habe ich es in den letzten Jahren immer wieder erfahren – dass meine Erdung extrem stark ist. Dass mein Umfeld mich in meiner Zeit des Heranwachsens nachhaltig geprägt hat, wovon ich heute zehren kann. Das wird mir an dieser Stelle besonders klar.

Jetzt gibt es leider nicht immer diese tollen Voraussetzungen des Umfelds. Was dann? Dann liegt es am Baum selbst, was er aus den gegebenen Bedingungen macht. Er wird sich anstrengen, sein Bestes geben, um in dieser Umgebung so gut wie möglich zu bestehen. Das liegt in seiner Natur. Er wird sich mit weniger Sonnenlicht, vielen Steinen oder einer Hanglage abfinden müssen – aber trotzdem alles daran setzen weiterzuwachsen. Die Natur als Vorbild zu nehmen ist also nicht der schlechteste Gedanke, oder? Klar geht es hier rein ums Überleben. Ist es bei uns nicht auch so? Wir haben außerdem noch den Vorteil, dass wir denken, Dinge entscheiden und anpacken können. Das mache ich mir immer wieder bewusst, wenn ich in einen Lebenssturm gerate. In dem Moment selbst ist das fast nicht umsetzbar. Es braucht meine ganze Kraft, mich dessen bewusst zu machen. Und hier zeigt sich dann wieder meine Erdung.

Diese Lebensstürme machen sich auch bei einem Baum bemerkbar. Allerdings erkennt man die nicht sofort, weil nach außen hin alles okay aussieht. Schneidet man aber den Baum auf, kommen die **Jahresringe** zum Vorschein und die zeigen supergut, was dem Baum so alles widerfahren ist:

In jedem Frühjahr startet ein Baum sein Wachstum neu, indem er am Mittelpunkt seines Stamms neue, große Zellen bildet. Zum Herbst hin werden diese Zellen immer kleiner, bis er das Wachstum ganz einstellt und im Winter ruht. Dieser Prozess bildet einen Jahresring. Im darauf folgenden Frühling bildet sich wieder eine neue Wachstumsschicht und grenzt sich zum ‚alten' Holz aus dem Herbst an. Diese Stelle zeigt einen scharfen Übergang: den neuen Jahresring. Die Jahresringe zeigen aber nicht nur an, wie alt ein Baum ist, sondern auch, wie die Umgebungsbedingungen in den einzelnen Jahren waren. Sind die Ringe breit, konnte der Baum kräftig wachsen. Sind die Ringe schmal, gab es in diesem Jahr schlechte Voraussetzungen für das Wachstum, wie zum Beispiel viel Trockenheit, extreme Kälte oder auch Schädlingsbefall. Sind die Ringe oval, zeigen sie ein unterschiedlich starkes Wachstum. Solch ein Baum hat dann zum Beispiel entweder an einem Hang gestanden oder war zu einer Seite hin starkem Wind ausgesetzt. Der Baum erzählt eine Art Geschichte. Die Ringe sind also so etwas wie ein Jahres-Baumtagebuch. Soviel zum kleinen Ausflug in die Biologie.

Um zu erfahren, was ein Mensch alles so erlebt und wie ihn das geprägt hat, müsste man diesen ebenso ‚aufschneiden'. Ja klar… geht nicht. Wenn man aber seine eigene Tiefenstruktur kennt und **weiß wie man ‚gestrickt'** ist, kann man mit Herausforderungen des Lebens oder auch mit Menschen ganz anders umgehen. Es gibt diesen Satz, den Anselm Grün einmal gesagt hat: „Sei der du bist und werde zu dem, der du sein kannst." In diesem Satz steckt natürlich ein Prozess drin. Und es ist nicht einfach, diesen Prozess zu durchlaufen. Das erlebe ich bei meiner Arbeit als Coach. Für die Menschen, die sich in einem Coaching-Prozess befinden, ist das ‚sich öffnen können' und das ‚selbst Erfahren' oft eine Erleichterung.

Vielleicht kennen Sie das sogar von sich selbst: Sie haben sich unbewusst immer angepasst, haben funktioniert und nach Vorgaben und Erwartungen gehandelt, die andere an Sie hatten. Plötzlich wird Ihnen bewusst, dass da etwas falsch läuft. Sie können sich das vielleicht gar nicht richtig erklären … aber da ist dieses Gefühl. Plötzlich hinterfragen Sie einige Dinge. Sie hinterfragen Ihre Gedanken, Ihre Reaktionen, Ihre Antworten. Dieses merkwürdige Gefühl breitet sich immer mehr aus. Da ist etwas, was da nicht hingehört. Gleichzeitig fehlt etwas, was Sie nicht beschreiben können. Das sind oft Punkte, an denen man alleine nicht weiterkommt. Man sucht das Gespräch – mit der besten Freundin, dem Partner, dem Kumpel oder einem neutralen Dritten, je nachdem wie festgefahren man sich in der Situation fühlt. Das was dann kommt, ist wie eine Erlösung. Bis es zu diesem ‚dann' kommt, sind viele Schritte nötig und kann eine lange Reise bedeuten. Genau darauf möchte ich im letzten Kapitel näher eingehen. Selbst zu erfahren, wie man tickt, seine Persönlichkeit erkennen zu können und diese durch die eigene Identität leben zu dürfen. Vom Sein ins Tun zu kommen.

Der Hammer!

Zu diesem Punkt – wenn man also selbst merkt, dass etwas nicht stimmt und dass das nicht alles gewesen sein kann im Leben – gelangt man oft erst durch etwas, das den sogenannten Auslöser gedrückt hat. Dieser Auslöser kann alles mögliche sein: Ein Kommentar, ein Gefühl, ein Geruch, ein Geräusch, eine Erfahrung, ein Erlebnis. Was auch immer es ist, es hat irgendwie mit Angst zu tun. Angst davor, krank zu werden, einen geliebten Menschen zu verlieren, liebgewonnenes aufgeben zu müssen und so weiter. Mir flattern zum Beispiel regelmäßig diese Werbe-E-mails auf den Bildschirm: „Einmaliges Angebot. Nur noch 3 Tage!“ (Hilfe, wenn ich jetzt nicht reagiere, könnte ich am Ende woanders zu viel bezahlen), „Ist Ihr PC ausreichend virusgeschützt?“ (weiß ich gar nicht genau – was, wenn er es nicht ist?), „Wenn Sie diese Steuertipps nicht kennen, verlieren Sie bares Geld!“ (Na das will ich definitiv nicht)… Die Werbung macht sich das höchst gewinnbringend zunutze. (Nur hat sie damit bei mir keine Chance – davon mal abgesehen.) Und fährt richtig Kohle damit ein. Warum? Weil es funktioniert. Weil wir Menschen so gepolt sind.

Was für den Einzelnen Horror pur ist, nutzen die anderen für Geschäfte in Milliardenhöhe:

Erhöhte Sicherheitsvorkehrungen an Flughäfen, Schlagzeilen über Wirtschaftsdepression, schon wieder miese Länderratings, verstärkte Videoüberwachungen an Haltestellen und bei Verkehrsknotenpunkten. Ich könnte die Liste hier noch fast unendlich fortsetzen – Fakt ist: **Die Angst prägt den Menschen.**

Eine Theorie der Psychoanalyse geht noch weiter ins Detail und besagt: Ängste prägen unseren Charakter (mit entwickelt von Fritz Riemann, Mitbegründer der heutigen Akademie für Psychoanalyse und Psychotherapie, München). Der Psychologe Mathias Jung schreibt in seinem Buch ‚Mein Charakter, mein Schicksal‘ über vier Grundängste, die uns Menschen beschäftigen:

1. Die Angst vor der Selbstentfaltung = depressive Persönlichkeit
2. Die Angst vor der Hingabe = schizoide Persönlichkeit
3. Die Angst vor der Veränderung = zwanghafte Persönlichkeit
4. Die Angst vor dem Notwendigen = hysterische Persönlichkeit

Ängste begleiten uns in unserer Entwicklung und später überall mit hin und spielen daher eine extrem bedeutungsvolle Rolle in unserem Leben. Die Überlegung von Psychoanalytikern ist, dass jeder Mensch eine Grundangst hat. Die Gewichtung dieser Grundangst ist am größten und kann in Kombination mit den anderen Formen, die oben genannt sind, auftreten. Die einzelnen Formen erklären sich so:

Die depressive Persönlichkeit

Der klassische Helfertyp. Wenn ich helfe, bin ich gut, werde geliebt und gebraucht. Sie hält sich selbst nicht für liebenswert, tut aber alles für andere. Das ständige Anpassen macht es der depressiven Persönlichkeit unmöglich, einen eigenen Standpunkt zu haben und das eigene Selbstbewusstsein zu entfalten.

Die schizoide Persönlichkeit

Absolut das Gegenteil zur depressiven Persönlichkeit: Kommt am besten mit sich allein zurecht, ist anderen gegenüber misstrauisch und vertraut überwiegend nur auf sich und ihren ‚Riecher'. Sie braucht den Abstand und die Grenze zu anderen Personen – wovon auch der Begriff herrührt. Schizoid bedeutet ‚abspalten' und zwar das Abspalten der eigenen Gefühle von anderen Menschen. Es sind klare Persönlichkeiten, die sehr sachlich sind und auf die man sich supergut verlassen kann.

Die zwanghafte Persönlichkeit

Hat ein extrem großes Bedürfnis nach Sicherheit. Unerwartete Dinge sind ihr ein Gräuel. Sie fühlt sich am wohlsten, wenn alles beim Alten bleibt. Zwanghafte Persönlichkeiten setzen sich oft selbst unter Druck, weil sie darauf beharren, dass die Dinge so passieren, wie sie es sich vorstellen. Andererseits kann man sich unbedingt auf sie verlassen.

Die hysterische Persönlichkeit

Sie ist das absolute Gegenteil der zwanghaften Persönlichkeit: verpflichtet sich nicht gerne, hasst Strukturen und Regeln und liebt das Ungewisse, das Neue. Pünktlichkeit ist bei ihr genauso unbeliebt wie Nähe und Bindung zu anderen Personen. Sie liebt das Rampenlicht, hetzt von einer Party zur nächsten und spielt anderen gerne eine Rolle vor.

Es gibt viele Testverfahren auf dem Markt, mit denen man seine Persönlichkeit und Verhaltenstendenzen herausfinden kann. Das sind Persönlichkeitstests und Verhaltenstests, mit deren Hilfe man herausfinden kann: Was treibt mich an und was motiviert mich denn überhaupt, Dinge zu tun. Es geht darum, auch tiefer zu schauen – nicht nur die Oberfläche zu sehen und zu überlegen, warum das eigene Verhalten gerade so ist – und zu überlegen: Was führt denn eigentlich dazu, dass sich mein Verhalten so entwickelt hat und warum reagiere ich so? Was sind meine Motive und was treibt mich an?

Dafür verantwortlich ist zum einen ein Teil, was ich schon zuvor erwähnt habe – die Vererbung durch unsere Eltern. Was noch dazu kommt, ist der Einfluss unseres Umfelds. Das sind die Menschen, die uns von klein auf geprägt haben. Das ist genauso die Kultur, in der wir aufwachsen. Wobei das Umfeld einen unglaublich großen Einfluss hat und nicht selten die Menschen dazu regelrecht zwingt, sich anzupassen.

Ich hole jetzt mal ein Beispiel hervor: die **Promis**. Viele sind da draußen unterwegs, die schon von klein auf von den Eltern in diese Richtung gedrückt worden sind. Sie sind in einem Umfeld aufgewachsen, das bestimmt war von Regeln, sich anpassen, einem Ideal entsprechen und mit Vorgaben zurechtkommen zu müssen, um unterm Strich den Erwartungen anderer zu entsprechen. Klar haben die immer gute Kohle verdient, über die sie auch irgendwann selbst verfügen konnten.

Sie haben sich aber nie ‚artgerecht' verhalten können. Sie durften nie ‚Kind sein', weil andere Termine gerade anstanden und die Zeit zum Spielen einfach fehlte. Weil irgendwann der Promi-Status zu hoch war und Paparazzi das Elternhaus belagert haben. Wo ist diese Zeit geblieben? Sie wurde schlichtweg übersprungen.

Dass das für die Entwicklung – und besonders für die Entwicklung der Persönlichkeit – nicht gerade von Vorteil ist, zeigen immer wieder neue Schlagzeilen über Promis in der Krise: Drogenkonsum, Klinikaufenthalte bis hin zum totalen Rückzug aus der Öffentlichkeit. Vom Entschluss, sich das Leben zu nehmen ganz zu schweigen.

Was ist denn da passiert?

Logisch, die Ursachen sind total verschieden und oft sind die Betroffenen sowieso in therapeutischer Behandlung. Diese Menschen kommen auf irgendeine Art und Weise nicht mit ihrem Leben zurecht. Gerade diejenigen, die von klein auf in der Öffentlichkeit standen, hatten keinerlei Chance, ihre Persönlichkeit zu entfalten. Sie standen unter permanentem Druck, wurden von allen Seiten beobachtet und belauert. Das ist hart. Manche flüchten sich langsam in den Missbrauch von Medikamenten oder Drogen. Andere verkraften das ganz gut, kommen aber irgendwann an einen Punkt, innezuhalten und ihr Leben zu reflektieren.

Da stellt sich die Frage: Kennen diese Menschen überhaupt ihre Persönlichkeit?

Und wenn ja, wie gehen sie dann damit um und was kommunizieren sie wirklich? Um das herauszufinden müsste man den Baum aufschneiden, um an die Jahresringe heranzukommen. Man kann Dinge sicherlich ‚vorspielen', also so tun als ob. Das ist ein anstrengendes

Unterfangen. Schließlich ist da immer noch das, was in uns verankert ist. Wenn ich weiß, wer ich bin, was meine Motive sind, was mich antreibt, wie meine Tiefenstruktur aussieht und ich weiß, wie ich ‚gestrickt' bin, kann ich natürlich mit Herausforderungen des Lebens oder im Umgang mit Menschen in der Kommunikation ganz anders umgehen. Gerade dann wenn ich reflektiere, und weiß warum ich soundso bin und wenn ich weiß woher das kommt, dass ich soundso denke. Wenn ich meine Persönlichkeit kenne, kann ich wieder ins Tun kommen, in meine aktive Rolle. Und dieses Tun spiegelt sich in meiner Identität nach außen wider. **Vom Sein ins Tun – von der Persönlichkeit hin zur Identität.**

Persönlichkeit hat jeder – die Frage ist, wie wirkt sich das in der Identität nach außen hin aus.

Frage 1: Um in dem Beispiel des Baums zu bleiben: Was für eine Art von Baum sind Sie? Was verrät das über Ihre Persönlichkeit?

____

____

____

____

____

Frage 2: *Wenn man diesen Baum nun von innen betrachtet: Was fällt Ihnen beim Wachstum der Jahresringe auf?*

____

____

____

____

____

Frage 3: *Schauen wir uns jetzt die Rinde genauer an: Wie werden Sie als Baum von anderen gesehen und wahrgenommen?*

4.2 | WAS MACHT IDENTITÄT AUS?

Wertesystem

Alles, was wir tun, nach dem wir handeln, wie wir uns emotional binden, welche Ideen wir in Situationen einbringen, was wir zulassen, was wir unterstützen und so weiter, basiert auf unseren Werten. Sie begleiten uns überall hin und bestimmen unser Tun.

Die Entscheidung, ob wir heute unseren Wochenendeinkauf beim Discounter erledigen, oder doch lieber zum Bioladen in die Innenstadt fahren, ist nicht allein davon abhängig, ob unser Geldbeutel das zulässt. Nein, es gibt da noch weitere Faktoren: Ist es uns wichtig, dass wir uns und unsere Lieben gesund ernähren? Wollen wir sichergehen, dass beim Anbau kein Schindluder getrieben wurde, die Tiere ihren artgerechten Freiraum hatten? Ist es uns wichtig, die Bauern zu unterstützen, denen es noch auf Qualität ankommt? Möglich wäre auch, dass wir unseren Gästen zeigen wollen, wie wichtig sie uns sind und dass wir großen Wert auf Qualität legen. Vielleicht mögen wir ja auch den Mann im Bioladen hinterm Tresen so gerne und wollen ihn mit unserem Einkauf weiter unterstützen, dass er nicht von den großen Ketten ringsum ‚aufgefressen' wird.

Wie auch immer wir uns entscheiden: Unsere Werte steuern alles was wir tun.

Und das passiert, ohne dass wir uns das bewusst sagen müssen. Wir sind schlichtweg ‚wertegesteuert'.

Ein kurzer Schwenker in die Philosophie zeigt, dass schon zu Zeiten Platons (um ihn mal kurz zu zitieren: „sich selbst zu kennen ist die erste aller Wissenschaften") und Aristoteles' das Thema aufgegriffen und analysiert wurde. In der Psychologie wurde die philosophische Erklärung in zwei Definitionen unterteilt (nach Rolf Oerter):

1. Werte können anziehen oder sie können abstoßend wirken.
2. Werte helfen dem Menschen, die Dinge zu verstehen und bilden die Grundlage für sein Handeln.

Hier gelten Werte als Motivatoren, als Anreize für die gesetzten Ziele. Und das sind sie auch. Werte sind meiner Meinung nach aber nicht nur Motivatoren, sondern zu einem maßgebenden Teil auch **Schutzschilde**. Schutzschilde fürs Leben. Werte wie Respekt, Achtung, Ehrlichkeit oder Aufrichtigkeit können solche sein, die uns vor Angriffen von außen schützen.

Die Erklärung dafür ist einleuchtend: Wenn wir dem Anderen mit Respekt und Achtung seiner Person, offen und aufrichtig gegenüberstehen, prallen seine möglichen Angriffe an unserem Schutzschild ab. Eine Geschichte, die mir letztens über den Weg gelaufen ist, gibt ein gutes Beispiel für unsere Werte ab und wie wichtig es ist, ein Schutzschild zu haben: Ein junger Mann schaffte seine Abschlussprüfung und bekam die Möglichkeit, im Ausbildungsunternehmen einen Job zu übernehmen. Die Freude war erst einmal groß, schließlich steht er ab jetzt richtig im Berufsleben und kann eigenverantwortlich arbeiten. Er bekam eine Stelle in der Arbeitsvorbereitung und wurde einem Abteilungsleiter unterstellt, der – wie er schon bald feststellen musste – alkoholkrank war. Die ersten Konflikte ließen nicht lange auf sich warten. Wegen seiner Sucht war es dem Abteilungsleiter morgens oft unmöglich, pünktlich am Arbeitsplatz zu erscheinen. An manchen Tagen ließ er sich sogar überhaupt nicht blicken, verlangte aber von seinem neuen Mitarbeiter, gegenüber Anderen für ihn zu lügen: „Herr X. kommt heute etwas später", „Herr X. ist gerade unterwegs", „Herr

X. kümmert sich später darum". Lügen zu müssen war für den frischgebackenen Angestellten allerdings absolut widerstrebend, entsprach also gar nicht seinen stark ausgeprägten Werten Aufrichtigkeit, Offenheit, Ehrlichkeit. Er hat sich 5 Jahre lang durchgekämpft. Sie fragen sich wahrscheinlich jetzt: So lange? Dazu muss man sagen, dass es Zeiten gab, in denen ‚es ganz gut lief' und der junge Mann dann immer hoffte, dass sich alles zum Guten wenden würde. Aus diesen positiven Perioden schöpfte er neue Hoffnung, um schon bald wieder extrem schlimme Zeiten durchzumachen. Dann kam er an einen Punkt, an dem er sich externe Hilfe gesucht hat. Dadurch hat er gelernt, dass er drei Möglichkeiten hat:

Die erste: Er ändert er sich selbst (also auch seine Werte) und versucht, mit dieser Situation klarzukommen. Das würde ihn entgültig in die totale Opferrolle bringen, in der er 5 Jahre lang ausgeharrt hat.

Die zweite: Er bietet Paroli, kämpft jeden Tag für seine Werte und dadurch gegen den Vorgesetzten und dessen Erwartungen. Für ihn ein sehr unangenehmer Gedanke.

Die dritte: Er ändert etwas an der Situation, indem er die Firma verlässt. Das wäre zwar ähnlich einer Flucht, aber es wäre eine Flucht nach vorne.

Er hat sich für die dritte Möglichkeit entschieden und gekündigt. Das hat Mut gekostet, war aber für ihn die einzig tragbare Lösung. Ihm war klar, dass er seinen Vorgesetzten nicht verändern konnte, also blieb es an ihm, etwas an der Situation zu ändern. Keine Opferrolle, kein täglicher Kampf, sondern ein Schritt in einen neuen Lebensabschnitt.

Mit dieser Entscheidung hat er seine Werte gelebt.

Was an dieser Stelle auch wichtig ist zu erwähnen, ist, dass es ihn noch heute – 15 Jahre später – sehr aufgewühlt, wenn er an diese Zeit zurückdenkt.

Ich möchte mal zwei starke Werte rauszupicken, die für einige Menschen eine sehr große Rolle spielen, nämlich **Beziehung** und **Harmonie**. Wer wünscht sich nicht eine intakte Beziehung, in der alles harmonisch abläuft? Oder einen Arbeitsplatz, an dem es keine unangenehmen Vorfälle gibt, die Leute perfekt harmonieren und alles schlichtweg ‚rund läuft'? Eine Traumvorstellung für viele von uns. Und je höher jemand in seiner Position steht, desto mehr Entscheidungen fallen in seinen Verantwortungsbereich und die sind manchmal alles andere als harmonisch. Das stellte sich auch immer wieder einem Menschen in die Quere, der in einer kleinen Organisation auf Führungsebene fungierte. Sein Dilemma war, dass er sich in seiner Position auch mit Entscheidungen aus dem Personalbereich auseinandersetzen musste und die ihm schon oft viele schlaflose Nächte bereitet haben. Das kam immer dann vor, wenn er schon für zu lange Zeit mal ein Auge bei einem Mitarbeiter zugedrückt hatte und ein Konfliktgespräch unausweichlich wurde. Und das bei seinem extrem ausgeprägten Harmoniebedürfnis! Hier ist er immer wieder an seine Grenzen gestoßen und hat sich insgeheim jemanden gewünscht, der ihm diese Entscheidungen und Konfliktgespräche abnehmen würde.

Ähnliches kennen Sie bestimmt auch in Ihrem beruflichen und privaten Alltag. Beziehung oder Harmonie sind natürlich keine schlechten Werte, aber es gibt wie in vielen anderen Werten auch hier einen Punkt, der uns in eine Richtung tendieren lässt. Der kann uns dann so steuern, dass unser Handeln eine negative Auswirkung haben könnte. Würde sich der Mann im eben genannten Beispiel durch sein Harmoniebedürfnis so weit steuern lassen, dass er weiterhin ‚ein Auge zudrückt', wären schon bald die anderen Kollegen auf den

Barrikaden. Mit recht! Es ist also gar nicht so einfach, seine Werte zu leben. Es ist sogar sehr viel Fingerspitzengefühl gefragt, wenn es um das Miteinander geht. In welcher Rolle wir uns auch immer befinden.

Letztendlich sind wir alle Krieger, die ihr Wertesystem verteidigen müssen. Egal wie und in welchen Situationen: Wir sind ständigen Attacken ausgesetzt, stehen an der Front. Werte leben, heißt Identität leben und das bedeutet Kampf. **Kampf für das eigene Standing.**

Warum ist uns eine Sache wert, dafür einzustehen? Wie entstehen also Werte?

Zum Teil werden die Werte von den Eltern an ihre Kinder weitergegeben, also von Generation zu Generation übermittelt. Solche Werte können sein: Respekt, Wertschätzung, Achtung, Ehrlichkeit, Hilfsbereitschaft, Verständnis, Einsicht, Zurückhaltung, Nächstenliebe. Solche von den Eltern oder Großeltern vermittelten Werte gewichten sich aber teilweise um, was darauf zurückzuführen ist, dass sich die Umgebungsbedingungen – wir verlassen das Elternhaus, stehen in einem Anstellungsverhältnis, haben selbst eine Familie etc. – oder auch unsere Einstellung gegenüber der jüngeren oder älteren Generation verändern. Durch diese Umgewichtung befinden sich Werte in einem ständigen Wandel. Und das ist auch gut so, weil auch wir uns ständig weiterentwickeln und immer wieder neue Ziele setzen.

Wie ein Wert gewichtet wird, ist zum einen abhängig von der Situation, in der wir uns gerade befinden: Fühlen wir uns zum Beispiel ungerecht behandelt, missachtet oder hintergangen, haben unsere Werte für diese Situation eine völlig andere Gewichtung, als wenn wir uns aufmerksam und entgegenkommend geachtet und wertgeschätzt fühlen. Wie ein Wert gewichtet wird, ist ebenso abhängig von der Kultur. Dass der Begriff ‚Wohlstand' in den Krisengebieten Afrikas keinen Ansatz findet, weil es dort den Menschen am wichtigsten ist, ihre Familie überhaupt durchzubekommen, versteht sich von selbst. Wie das in anderen Kulturen ansonsten aussieht, hat von jeher die Philosophen und Psychologen beschäftigt. Die Überlegung, ob es Werte gibt, die überall auf der Welt vertreten sind, kam in den 1980er Jahren durch den Psychologen Shalom H. Schwartz auf. Interessant zu dieser Überlegung war seine daraufhin durchgeführte Studie, an der 20 Länder teilgenommen hatten. Schwartz hatte im Voraus **10 Wertegruppen** definiert, die seiner Ansicht nach überall auf der Welt vertreten sein müssten. Das waren:

1. Selbstbestimmung
2. Ansporn
3. Suche nach Glück und Genuss
4. das Erreichte
5. Macht, Kraft
6. Sicherheit, Schutz
7. Gruppenzusammengehörigkeit
8. Tradition
9. Wohlwollen
10. Vielseitigkeit

Das Ergebnis war: Alle dieser 10 Werte waren in seinen 20 Testländern vertreten. Ganz verallgemeinern kann man dieses Ergebnis allerdings nicht, weil es überall auf der Welt Menschen gibt, die so individuell sind, dass sie in kein Raster passen. Aber eine sehr interessante Tendenz liefert die Studie meiner Meinung nach trotzdem.

Zurück ins Heute

Wo genau fangen für uns Menschen Werte überhaupt an?
Was wir als Werte bezeichnen, wird nicht automatisch mittels Gene auf unsere Kinder übertragen. Im Gegensatz zu unserer Persönlich-

keit sind Werte also nicht angeboren, sondern werden den Kindern mit der Erziehung vermittelt. Dieses Vermitteln tun wir jeden Tag – meist unbewusst, manchmal natürlich auch bewusst. Dafür greifen wir gerne auf die von uns selbst genossene Erziehung, auf über die Jahre hinweg gesammelten Erfahrungen und gesteckten Ziele zurück. Es sind Dinge, an die wir Eltern selbst glauben, Überzeugungen, für die wir eintreten. Unsere Kinder bekommen diese Werte nicht ‚eingetrichtert', sondern lernen, dass es individuelle Werte gibt. Und sie lernen, dass es ebenso gesellschaftliche Werte gibt: Wenn ich der netten Omi von nebenan die schwere Einkaufstasche trage *(Aufmerksamkeit, Hilfsbereitschaft)*, ist sie bestimmt nächstes Mal nicht sauer, wenn ich ein bisschen zu laut mit meinen Freunden spiele *(Zurückhaltung, Toleranz)*. Halte ich einem mit Akten bepackten Kollegen die Tür auf *(Aufmerksamkeit, Hilfsbereitschaft)*, breche ich mir dabei keinen ab – der wird mir vielleicht auch mal eine kleine Handreichung machen *(Anerkennung, Entgegenkommen)*.

Werte geben uns und unseren Kindern Orientierung. Sie helfen ihnen, sich in der Gesellschaft gut zurechtzufinden, können Dinge erleichtern und lebenswerter machen. Es gibt alle möglichen Werte, die sich durch unsere Erziehung, Erfahrung, Ausbildung, Studium und so weiter tief in uns verwurzelt haben. Sie sagen, was für uns persönlich gut oder schlecht, richtig oder falsch, erstrebenswert oder nichtig ist.

Ganz besonders die ältere Generation hört man oft klagen, dass es früher anders war mit den Werten, dass die noch einen anderen Stellenwert hatten und dass heutzutage Werte sogar verloren gehen. Eine Feststellung, der man leicht Glauben schenken kann. Wenn man früher noch in der Großfamilie mit mehreren Generationen unter einem Dach aufgewachsen ist, das Wort der Eltern immer respektiert wurde und der regelmäßige Kirchgang Selbstverständlichkeit war, sehen die Rahmenbedingungen heute überwiegend völlig anders aus.

Nicht mehr die Eltern, Großeltern oder der Lehrer alleine sind mit der Erziehung unserer lieben Kleinen betraut und üben eine Vorbildfunktion aus, sondern noch viel mehr Menschen. Fremde Menschen.

Tatsächlich?

Ja klar! Einen Großteil mit mächtigem Einfluss haben die Medien und mittlerweile eine riesengroße Erziehungsrolle mit ‚an sich gerissen'. Daran gibt's gar nichts zu rütteln. Da gibt es Vorbilder gegen die wir ‚Normalos' gar nicht ankommen. Aber stopp… die gibt es auch für uns Erwachsene! Was wiederum heißt, dass wir auch neue Wege für unsere Werte beschreiten, wenn wir es zulassen. Und das unterscheidet uns ganz stark von unseren Kindern, die erst noch Erfahrung sammeln und Dinge einschätzen lernen müssen.

Abgesehen davon, dass Wissenschaftler sowieso vor übermäßigen Fernsehkonsum warnen, bin ich immer fassungslos fasziniert über die Macht, die diese süßen kleinen Kurzwerbespots an den Tag legen, welche meine Kinder wie gelähmt regelrecht aufsaugen: Sie können beispielsweise den Slogan einer Werbung exakt wiedergeben, wenn sie später auf irgendeine Art und Weise daran erinnert werden. Ich habe sogar schon gesagt bekommen: „Du musst diese Creme nehmen Papa, die wirkt da, wo der Schmerz entsteht."

Auch die **Schule** macht es heutzutage nicht leicht, Werte wie Rücksicht, Mitverantwortung oder Gemeinsamkeit zu vermitteln. Wenn es früher um die 5% Schulabgänger waren, die sich für ein Studium qualifiziert und entschieden haben, sind es heute mehr als die Hälfte aller Jugendlichen, die sich dazu entschließen, die Schulbank weiterzudrücken. Für viele Studiengänge werden nur die Besten herausgefiltert. Das sorgt noch während der Schulpflichtzeit für Konkurrenzdenken und Rivalität. Schließlich gewinnt nur derjenige, der durch herausragende Noten und besondere Leistung auf sich aufmerksam macht. Statt auf Teamfähigkeit wird der Einzelne dadurch auf egoistisches Verhalten getrimmt. Die Folge: Viele frisch gebackene Absolventen haben aus diesem Grund ein riesengroßes Problem, wenn sie von der Uni direkt in eine **Führungsposition** einsteigen. Sie haben definitiv ein hervorragendes Fachwissen, aber null Plan davon, wie man ein Team führt. Diese Tatsache konfrontiert Firmen plötzlich mit ganz anderen Herausforderungen. Heute geht es darum herauszufinden: Wie schaffen wir es, diese Fachkraft so schnell wie möglich in Sachen Teamführung fit zu machen? Ein Thema, das für viele Unternehmen akut ist.

Um zur Aussage der älteren Generation zurückzukommen, kann man nicht sagen, dass wir gerade einen Werteverlust erleiden, nein, denn die meisten von uns erkennen Werte theoretisch an – sie werden nur nicht mehr überall gelebt. Das ist der Punkt und erklärt deren Standpunkt zu den Werten von heute.

So, wie sich Werte bis heute verändert haben, bringen manche von ihnen auch **Einschränkungen** mit sich: Wir wollen und haben tatsächlich mehr Freiheit als früher. Wir können zum Beispiel mit dem Flugzeug in ein paar Stunden von einem Kontinent zum nächsten gelangen. Gleichzeitig bringt das unweigerlich ebenso Gefahren mit auf die Spielfläche, obwohl wir Sicherheit suchen und brauchen. Das kann die Gefahr sein, Krankheiten mit einzuschleppen, Kriminelle und deren Gefolgschaft einzuschleusen oder selbst ungewollt in den Mittelpunkt von Terror zu geraten. Unterm Strich bedeutet das: Je mehr wir uns nach Freiheit sehnen, desto besser müssen wir mit Unsicherheiten umgehen können. Je sicherer wir sein wollen, desto mehr müssen wir von unserer Freiheit abgeben. Vor diesem Hintergrund haben wir natürlich Angst um unsere Kinder. Da liegt es an uns, ihnen vorzuleben, wie man zwischen den Werten Freiheit und Sicherheit abwägt, ohne zu sehr auf Dinge verzichten zu müssen. Unser Schild muss auf alle Fälle stabil bleiben.

Nach den eigenen Werten zu leben, ist ein ständiger Kampf. Das Tun und Handeln nach eigenen Werten läuft aber hauptsächlich unbewusst ab und darum ist es für die meisten Menschen extrem schwierig, die eigenen Werte in Worte zu fassen.

Was ich total interessant finde ist, dass selbst Leute, die in dieser Richtung andere Menschen beraten, sich schwer damit tun, ihre eigenen Werte zu definieren. Wenn ich zum Thema Marketing mit Beratern arbeite und sie bitte, 20 bis 25 Werte für sich zu definieren, kann das unter Umständen locker bis zu 2 Stunden dauern. Und wenn ich dann sage, dass diese 25 Werte gerade mal ein Bruchteil dessen sind, was sie eigentlich Tag für Tag an Werten leben und aufgrund derer sie agieren, schaue ich in erstaunte Gesichter. Es ist spannend zu erleben, wie wenig Gewichtung dieses Thema hat – das merkt man überall in der Gesellschaft. Bei Jung wie bei Alt. Dabei sind Werte ein Kernpunkt von dem, wie wir ein Stück weit in unserem Verhalten gesteuert sind. Gerade in Verbindung mit Identität befindet sich das Wertesystem, in dem wir jeden Tag agieren, in einem völligen Schattendasein. Es wird oft gar nicht beachtet.

Ein Wort, das ich oft im Zusammenhang mit Werten höre, ist **Respekt**. Was steckt bei diesem Wort dahinter? Welche Motivation steckt dahinter, indem jemand sagt: Ich möchte respektvoll behandelt werden? Es ist ein anderes Wort, was hinter dem Wort Respekt steht, nämlich das Wort **Wertschätzung**. Ich möchte wertgeschätzt werden. Warum möchte jemand wertgeschätzt werden? Warum ist uns das so wichtig? Hier ist es von großer Bedeutung zu schauen, was sich hinter den Dingen befindet, die uns wichtig sind. Manchmal sind es auch von der Formulierung her gar keine Werte, sondern es sind Erwartungen und Wünsche, die wir an andere haben und von ihnen einfordern.

Wie sieht es denn aus mit **Wertschätzung in der Partnerschaft** zum Beispiel. Ist es nicht selbstverständlich, seinem Partner respektvoll und wertschätzend gegenüberzutreten? Das sollte es definitiv sein – so sehe ich das. Wie viele Menschen da draußen erleben jedoch jeden Tag genau das Gegenteil? Ist erst mal das anfängliche Bauchkribbeln verebbt, leiden viele Beziehungen unter der Eintönigkeit des Alltags. Jeder Partner verfällt in die für sich klassische Rolle und nimmt alles um sich herum nur als Selbstverständlichkeit wahr. Auch wenn sich die Rolle der Frau in den letzten Jahrzehnten immer weiter in Richtung Selbstständigkeit verändert hat, ist die Verteilung der Aufgaben – wer ist der Hauptverdiener, wer zieht die Kinder groß und kümmert sich um den Haushalt – doch noch größtenteils à la 60er-Jahre Stil: Der Mann schafft die Kohle bei und alles um ihn herum funktioniert doch nur so gut, weil ihm die Frau ‚selbstverständlich' den Rücken frei hält. Nicht selten hat die Frau von heute sogar noch einen Halbtagsjob, um das Familienbudget noch weiter aufzubessern. Ein Spagat, dessen Leistung dem Hauptverdiener oft verborgen bleibt. Meistens hat er doch gar keine Ahnung, was das am Tag so alles zu Hause abgeht. Warum sollte er sich auch darum kümmern – oder es gar honorieren? Ist doch alles selbstverständlich. Es läuft doch alles! Welche Frau bekommt denn nach zehn oder mehr Jahren Partnerschaft noch gesagt: „Hey Schatz, das hast Du ja heute echt gut hinbekommen. Hut ab!" Nach einem Vormittag im Büro, dann schnell noch etwas eingekauft, Kinder vor der Schule aufgesammelt, zu Hause den Backofen angeschmissen, schnell noch die Spülmaschine ausgeräumt, bei den Hausaufgaben Hilfestellung gegeben, noch etwas für die Mathearbeit morgen gelernt, Mittagessen, abwaschen, Kind Nummer eins zum Turnen gefahren, mit Kind Nummer zwei zum Arzttermin, zurück zu Hause endlich den Berg Bügelwäsche angefangen, Kind

Nummer eins wieder vom Turnen abgeholt (Schon wieder keine Zeit mehr weiterzubügeln), Abendbrottisch gedeckt, die üblichen Streitereien geschlichtet, noch mal Englischvokabeln abgefragt ... der ganz normale alltägliche Wahnsinn eben. Wird das wertgeschätzt? In Ausnahmefällen schon. Die Regel ist jedoch anders.

Auch im Berufsalltag sollten Wertschätzung und Respekt ganz vorne stehen und zwar gegenüber den Kollegen, Mitarbeitern (egal, welche Aufgabe die im Betrieb bekleiden), Vorgesetzten, Lieferanten und Kunden gleichermaßen. Wertschätzender und respektvoller Umgang baut Vertrauen auf, motiviert, zeigt gegenseitiges Verständnis und bietet keine Angriffsmöglichkeiten für Gerüchte.

Bei meiner Arbeit mit den Menschen frage ich immer drei Bereiche ab:

Welche Werte leben Sie mit anderen?
Welche Werte leben Sie in der Kommunikation?
Welche Werte leben Sie mit sich selbst?

Vertrauen und Wertschätzung werden oft als Wert angegeben, der in Verbindung **mit anderen Menschen** wichtig ist. Soll ein fundiertes Vertrauen entstehen, ist das nur möglich, wenn sich beide Parteien absolut wertschätzen. Das ist nicht immer einfach. Kennen Sie Personen, die Sie zum ersten Mal gesehen haben und es hat sich bei Ihnen sofort ein Gefühl der Abneigung breit gemacht? Also ich kenne das – Sympathie gleich null.

Sympathie ist aber unbedingt notwendig, wenn Vertrauen aufgebaut werden soll. Manchmal ist da einfach nichts zu machen, man findet einfach keinen ‚Draht' zu dem Anderen. Selbst wenn der uns offen begegnet, sind wir von unseren Gefühlen voreingenommen. Hier kommt man sicher nicht auf einen Nenner. Manchmal lohnt es sich aber, den ersten Eindruck zu ignorieren und diesem fiesen kleinen Schatten, der uns ständig sagt, dass wir endlich die Kurve kratzen sollen, zu sagen, dass er jetzt mal seine Klappe halten soll. Das sind Momente, die sich richtig lohnen können: Das Öffnen dem Anderen gegenüber kann Potenziale in uns freisetzen, die wir vorher nicht von uns kannten. Was kann der Andere dafür, dass er auf uns diesen miesen ersten Eindruck macht? Hören wir erst mal hin und checken die Lage. Und siehe da ... der ist gar nicht so übel, wie er auf den ersten Blick rüberkommt. Es kann sich also wirklich lohnen, seine Bekanntschaft gemacht zu haben. Diese neue innere Einstellung zeigt sich selbstverständlich auch nach außen, sprich dem Anderen gegenüber. Er zeigt Sympathie und wir sind jetzt auch so weit, dass wir sie erwidern können. Wenn auch zu Beginn noch mit angezogener Handbremse. Der Grundstein für gegenseitiges Vertrauen ist somit gelegt.

Gerade im Business-Kontext ist es wichtig, dass man dazu bereit ist, den anderen anzuhören. Schließlich sind dort so viele Individuen auf einem Haufen, dass sich irgendwo bestimmt jemand findet, mit dem man ‚nicht kann'. Ein zweiter Anlauf lohnt sich immer – auch wenn es anschießend bedeutet, dass wir absolut richtig gelegen haben mit unserem ersten Eindruck. Dann heißt es einfach akzeptieren und Abstand nehmen. Das kann auch ein Weg sein, wenn man seinen Werten treu bleiben will.

Werte der Kommunikation habe ich bezogen auf Unternehmen schon angesprochen. Ähnlich verhält sich das in der Kommunikation mit unserem Partner, den Kindern, den Freunden, Verwandten, Nachbarn und so weiter. Auch hier greifen die Werte, die uns von klein auf vermittelt wurden. Meine Mutter hat als Kind immer zu mir gesagt: „Wie's in den Wald ruft, so hallt's wieder heraus." Erst neulich habe ich eine Reportage gesehen, bei der es um das abgeschiedene Leben auf

Hochalmen in den Bergen Südtirols ging. Darin wurden verschiedene Menschen vorgestellt, die Sommer wie Winter total abgeschieden ihren Alltag meistern – meist noch unter für uns ‚altertümlichen' Bedingungen, ohne Strom und fließendes Wasser. Was mich dabei absolut fasziniert hatte, war die Aussage einer 40-jährigen Bäuerin, die mit ihren fünf Kindern ‚dort oben' lebt. Sie sagte: „Egal was ist, ich rede mit meinen Kindern immer ruhig, weil ich der Überzeugung bin, dass ich das auch wieder so zurückbekomme. Mir ist es egal, was die anderen denken, ich mache das so, weil ich es für richtig halte." Das ist mal eine coole Einstellung, die sich mancher hier wünscht. Logisch kann man die Bedingungen, unter denen diese Bäuerin lebt, nicht mit den Gegebenheiten ‚hier unten' vergleichen – was hier alles auf uns einprasselt, passiert denen da oben in deren kühnsten Träumen wahrscheinlich nie, weil sie es nicht kennengelernt haben. Aber die Überzeugung, mit der diese Frau diese Aussage gemacht hat, zeugt von einer starken Identität. Für sie ist diese Art der Kommunikation mit ihren Kindern wichtig – sie lebt diesen Wert – und sie ist gleichzeitig davon überzeugt, dass die Kinder entsprechend so mit ihr und den anderen Geschwistern umgehen. Wie's in den Wald ruft…

Bleibt noch die Frage, welche Werte wir mit uns selbst leben. Diese letzte Frage gestaltet sich in der Beantwortung meist total schwierig, denn schon allein die Aussage: „Das bin ich mir wert!" lässt mein Gegenüber schnell ins Stocken geraten, wenn ich nach der Motivation dahinter frage. „Warum bist du dir das wert?" Ein Zögern zeigt mir, dass mein Gesprächspartner kein klares Bild über sich und den Wert seiner Person hat. Da kommt schnell die Überlegung auf, ob wir vielleicht die Sicht darüber verloren haben, dass wir uns selbst wertvoll sind – mit unserer Identität.

Wissen wir, was wir uns selbst wert sind und welche Werte wir mit uns selber leben?

Hier geht's ins Eingemachte. Ich möchte Sie an dieser Stelle einladen, sich zurückzulehnen und darüber nachzudenken, nach welchen Werten Sie eigentlich tagtäglich leben. Wie Sie ja mitbekommen haben, leben Sie die meisten Werte völlig unbewusst. Machen Sie mal ein Brainstorming. Schreiben Sie alles auf, was Ihnen in diesem Zusammenhang in den Kopf kommt.

Um die ganze Sache etwas zu erleichtern, können Sie für den Start Ihr Leben in unterschiedliche Bereiche aufteilen. Nehmen Sie diese Bereiche als Überschrift und tauchen Sie dann ein in Ihr Wertesystem:

» **Beruf und Karriere**
» **Partnerschaft**
» **Gesundheit**
» **Persönliches Wachstum**
» **Glaube und Spiritualität**

Fangen Sie mit dem ersten Bereich an. Welche Werte fallen Ihnen zum Thema Beruf und Karriere ein, wenn Sie dabei nur an sich denken? Schreiben Sie diese auf. Sammeln Sie alles, ohne da irgendeine Gewichtung reinzubringen. Lassen Sie sich dafür genügend Zeit. Sobald Sie denken, alle Werte zu diesem ersten Thema vor sich auf dem Blatt stehen zu haben, gehen Sie über zum zweiten Schritt. Welches dieser Werte erscheint Ihnen davon am wichtigsten? Schreiben Sie diesen Begriff – nehmen wir als Beispiel mal „Flexibilität" – auf ein neues Blatt ganz oben an die erste Stelle. Nehmen Sie sich dann wieder das erste Blatt mit den im Brainstorming gesammelten Begriffen vor und suchen Sie den Begriff heraus, der Ihnen in Bezug auf Beruf und Karriere am zweitwichtigsten erscheint. Wenn Sie Ihre oberste Priorität in einem flexiblen Arbeitsplatz sehen, sind Überlegungen wie ‚Zeit für die Familie' oder ‚genug Freizeit' mit großer Wahrscheinlichkeit die nächsten Gewichtungspunkte in Ihrem Ranking. Schreiben Sie den passenden Begriff an die zweite Stelle und gehen Sie mit den anderen genauso vor. Überlegen Sie gut und gewichten Sie nicht zu schnell.

Steht bei Ihnen vielleicht ‚hohes Gehalt' an der obersten Position, sind Sie wahrscheinlich mit Ihrem Einkommen unzufrieden und würden mehr Geld als Anreiz für ‚den Job' finden. Überlegen Sie: Ist es nur wichtig, dass die Kohle stimmt? Zu Beginn würde mehr Geld sicherlich über das ein oder andere Problem hinwegsehen helfen. Bald schon würde für Sie die Gewichtung der Probleme aber stärker sein, als das hohe Gehalt am Ende des Monats. Plötzlich machen sich Ärger, Unzufriedenheit und negative Gedanken breit und der Geld-Faktor rückt Stück für Stück mehr in den Hintergrund. Ich will Sie mit dieser Anmerkung in keine Ecke drücken und grundsätzlich sagen, dass Geld nicht primär sein sollte – nein, es geht mir darum Ihnen aufzuzeigen, was Sie bei Ihrer Überlegung berücksichtigen sollten. Es kann durchaus sein, dass Sie ein supergutes monatliches Einkommen zufriedenstellt und es für Sie gar kein Problem ist, ein Auge zudrücken zu müssen, wenn es um Unzufriedenheit geht. Vielleicht genügt Ihnen die Tatsache, dass dafür 2 oder mehr tolle Urlaube im Jahr möglich sind. Ob das tatsächlich so ist – oder ob Sie sich hier vielleicht etwas vormachen – können Sie dann für sich herausfinden, wenn Sie hier ins Eingemachte gehen und Ihre Werte ermitteln. Verfahren Sie mit den anderen vier Oberbegriffen *Partnerschaft, Gesundheit, persönliches Wachstum, Glaube und Spiritualität* genau auf die gleiche Weise: Erst Brainstorming, dann Gewichtung. Eine wahnsinnige Erfahrung, die Sie auf diese Weise mit sich selbst machen können.

Anders herum habe ich auch schon Menschen kennengelernt, die damit völlig zufrieden sind, jeden Tag ihren gewohnten Ablauf an ihrem Arbeitsplatz zu haben, ohne dass etwas Neues passiert. Die sind absolut glücklich mit ihrem Job. Sie wissen, was jeden Tag auf sie wartet, wenn sie morgens zur Arbeit kommen, freuen sich, dass ihr Chef die Entscheidungen für sie trifft und ihnen lediglich sagt, was heute ansteht. Sie wollen beruflich einfach nicht mehr. Und das ist auch gut. Eine Aussage wie: „Mir reicht das. Ich weiß, dass ich nachmittags um drei Uhr Feierabend habe und dann noch genug Zeit, damit ich meine Musik machen kann." Ist doch toll! Derjenige, der diesen Satz gesagt hat, kennt seine Werte. Der weiß, was ihm wichtig ist.

Von Raviolität keine Spur. Der lebt seine Identität!

Wenn Sie das Thema Beruf & Karriere abgeschlossen haben, gehen Sie weiter zum nächsten Thema: Partnerschaft. Auch für diesen Lebensbereich sammeln Sie als erstes alles, was Ihnen spontan an Werten einfällt. Im zweiten Schritt machen Sie sich wieder an die Gewichtung. Ist es Ihnen wichtig, dass Ihr Partner für Sie da ist? Oder brauchen Sie vielleicht einen Freiraum und Zeit für sich? Wollen Sie in Ihrer Beziehung über alles reden können? Ist Ihnen eine gewisse Privatsphäre auch Ihrem Partner gegenüber wichtig? Wollen Sie eine klare Rollenaufteilung untereinander oder erledigen Sie Aufgaben lieber gemeinsam? Wünschen Sie sich Kinder?

Sie können die Überlegungen natürlich noch weiter ausführen – diese Gedankengänge sollen nur ein Anstoß für Ihre Überlegungen sein, die Sie natürlich ‚weiterspinnen' können. Wägen Sie auch hier ab, wie Sie die Dinge sehen. Ich wette, Sie kommen an dieser Stelle ins Grübeln: Sollte bei Ihnen Freiraum haben und Zeit für mich an erster Stelle stehen und Ihr Partner Sie ‚beglückt', ja ... da passt etwas nicht. Wollten Sie schon immer eine große Familie, Ihr Partner aber nicht so glücklich über diese Vorstellung ist – auch hier kann es zu Diskussionen und Spannungen kommen. Was tun? Nachgeben, aufgeben? Die eigenen Ziele zurückstecken zum Wohle der Partnerschaft? Oder doch unbedingt für die eigenen Werte kämpfen?

Dazu kann ich nur eins sagen: Folgen Sie Ihrem Gefühl.

Lassen Sie bei Ihren Überlegungen die ganzen ‚wenn' und ‚aber' weg. Das ist einfach dahergesagt, ich weiß. Das kenne ich von mir und der Situation, in der ich auch schon gesteckt habe.

„Aber das kann ich doch nicht machen."

„Wie stehe ich denn vor den Nachbarn da, wenn die von unserer Trennung erfahren?"

„Wenn ich zuhause anbringe, dass ich mich beruflich gerne verändern würde, löse ich damit bestimmt eine Welle aus."

Solche oder ähnliche Überlegungen treffen wir manchmal und machen – je nach Schwere unseres Leidens, der Stärke unserer Persönlichkeit, der Wichtigkeit unserer Überzeugungen und Ziele sowie unserer Werte – einen Rückzieher. Somit schließt sich die Ravioli-Dose wieder. Oder wir entschließen für uns, endlich etwas ändern zu wollen. Dann kommt der große Dosenöffner und verschafft uns den Raum, diesen Quatsch mit Soße rauszulassen.

Das kann ein Ergebnis sein, wenn Sie Ihre Werte mit offenen Karten auf den Tisch legen. Mit den anderen Lebensbereichen verfahren Sie auf die gleiche Weise. Sie werden von den Ergebnissen wahrscheinlich erstaunt sein – wie so viele meiner Kunden. Für sich klar zu werden, was einem wirklich wichtig ist, kann das Erdbeben sein, das eine Sturmflut auslöst. Und das Ausmaß dieser Sturmflut ist zu diesem Zeitpunkt noch unbekannt. Es lässt sich nur vermuten. Die Erkenntnis darüber zu bekommen, nach welchen Werten man aktuell lebt und nach welchen man eigentlich leben will, kann schmerzhaft und erlösend zugleich sein.

Oft erlebe ich bei Menschen, dass sie zwar sagen, nach den oder den Werten zu leben… es aber nicht tun. Ein gutes – und gleichzeitig krasses – Beispiel dafür sind einige Leute, die jeden Sonntag in die Kirche gehen. Nach außen hin suggerieren diese ein christliches Wertesystem und legen ein Deckmäntelchen der Frömmigkeit über sich. Das ist sonntags so. Am Montagmorgen ist von der am Tag zuvor gelebten Frömmigkeit nicht mehr allzu viel zu spüren und sie agieren bis Samstag alles andere, als sich in Nächstenliebe zu üben. Die ‚zehn Gebote' gelten für sie scheinbar nur sonntags. Ich will jetzt nicht sagen, dass alle Menschen so ticken, die regelmäßig in die Kirche gehen. Viele leben aber genau so und fühlen sich auch noch wohl dabei, schließlich wird am Sonntag wieder alles gut.

Da passt doch was nicht!

Das ist natürlich der Punkt: Wenn wir Werte kommunizieren, aber nicht danach leben, nimmt das unweigerlich unser Umfeld wahr. Das ist auch im Privatleben so. Wenn das nach außen dringt, zu den Menschen um uns herum, fragen die sich natürlich auch, was das für eine Unstimmigkeit ist.

Wie heftig einen der **Missbrauch von Werten** wie Vertrauen, Freundschaft, Beziehung und Ehre runterreißen kann, habe ich am eigenen Leib erfahren. Ich musste erleben, dass mich damals solch ein Missbrauch einer angeblichen Freundschaft in die Lage gebracht hat, dass mein gesamtes Team und die Agentur in eine existenzielle Krise gestürzt wurden. Der Wert der Beziehung und der Freundschaft wurde schamlos ausgenutzt. Wie geht so etwas? Das geht mir bis heute nicht in den Kopf.

Eigentlich gestaltet sich die Sache mit den Werten nämlich so:
Sobald wir Werte kommunizieren, haben wir eine Identität und ein

Standing. Wir tun Dinge, oder eben nicht. Wir haben eine Einschätzung für die Dinge, halten manche für wertvoll, manche nicht. Das als Ganzes gesehen ist ein Aufeinanderprallen von Wertesystemen. Ganz extrem zeigt sich das innerhalb einer Familie. Eine Familie setzt sich aus verschiedenen Wertesystemen zusammen: meine ‚Herkunftsfamilie' hat eins, ich habe eins und mein Partner bringt sein eigenes mit ein, das man summa summarum zu einem eigenen, neuen Familienwertesystem baut. Da treffen manchmal Welten aufeinander. Denken Sie einfach mal an Familienfeiern. Bei solchen Gelegenheiten prallen ganz viele unterschiedliche Wertesysteme aufeinander und solche Tage gemeinsam ohne Auseinandersetzung zu überstehen, ist fast unmöglich.

Ein anderes super passendes Beispiel dafür sind Schulen. Hier müssen nicht nur die angestellten Lehrer auf einen Nenner gebracht werden, wenn das Schulkonzept Bestand haben soll, sondern auch die Schüler entsprechend integriert werden – und das auch noch, wenn viele von denen die schwierige Phase der Pubertät durchmachen. Schulen haben oft ein Konzept, das sich nach außen hin nett anhört. Was aber wird innerhalb des Gebäudes wirklich gelebt? Das ist ein anderes Thema. Leider hört man doch meistens nur Klagen vonseiten der Eltern, dass Lehrer deren Kind ungerecht behandeln, mies werten und abgesprochene Dinge nicht einhalten. Ich habe miterlebt, dass es auch anders geht:

Eine Kollegin erzählte mir von einer Gesamtschule, in der ihre Tochter jetzt seit zwei Jahren unterrichtet wird. Das, was da passiert, ist schon fast unglaublich und hört sich eher an wie ein Wunschtraum. Als ich davon erfahren hatte, dachte ich nur: Das kann gar nicht sein! Diese Schule hat etwas über 150 Lehrkräfte. Das ist schon eine Menge und klingt eher nach einer schwierigen Arbeit für die Schulleitung, in diese Anzahl ein einheitliches Konzept reinzubringen. Aber der Rektor hat es tatsächlich geschafft, dass sein Lehrerteam an einem Strang zieht – und das seit vielen Jahren. Das wirkt sich selbstverständlich bei den Schülern aus und hat sich über die Jahre weiter unter den Eltern ‚herumgesprochen'. Die Schule ist mittlerweile dermaßen beliebt, dass sie jedes Jahr einen unglaublichen Run in den Stufen 5 und 11 erlebt. „Natürlich gibt es auch Kollegen unter uns, die man als schwarze Schafe bezeichnen kann, weil sie nicht mitziehen – aber die bleiben nicht lange da", war die Aussage einer Lehrkraft gegenüber meiner Kollegin am Elternsprechtag. „Wer da nicht mithalten kann, ist schnell wieder weg". Das ist ein super Beispiel, das zeigt, dass eine Schule auch tatsächlich nach ihren Werten leben kann, wenn der Direktor das in sein Team vorgibt und alle an einem Strang ziehen. Eine Ausnahme – das gebe ich zu – aber möglich, wie die Realität zeigt.

Werte greifen natürlich auch im Berufsleben. Haben Sie sich schon mal gefragt, warum es immer wieder zu Reibereien zwischen Kollegen kommt? Oder auch zwischen Vorgesetztem und Mitarbeiter? Klar geht es oft um Meinungsverschiedenheiten, sich vor dem Chef profilieren wollen, oder auch umgekehrt vor dem Chef kuschen, für ihn lügen (Sie erinnern sich sicher an die Geschichte mit dem alkoholkranken Abteilungsleiter) und so weiter. Letztendlich spielen bei all dem wieder die unterschiedlichen Werte eine Rolle, die hier aufeinandertreffen. Und nicht selten schießen Kollegen gegeneinander oder mobben ein geeignetes Opfer, das ihnen aus irgendeinem Grund nicht in die eigenen Reihen passt. Wer wie im Beruf mit vielen Persönlichkeiten, die alle ihre individuellen Werte haben, auf engstem Raum zurechtkommen muss, kommt nicht umher, Kompromisse einzugehen. Wird dafür kein Weg gefunden, sollte man abschätzen, welche Möglichkeiten man in seiner Situation hat und dann den Weg finden, bei dem man sich selbst am ‚ehrlichsten' ist. Die Entscheidung des Angestellten vom Anfang dieses Kapitels, die Firma zu verlassen, war diejenige, mit der er am besten leben konnte. Soll eine Abteilung funktionieren, ist es nicht wichtig, dass jeder eine gleich starke Gewichtung eines Werts an den Tag legt. Entscheidend ist nur, dass ein Verhalten daraus resultiert, welches mit diesem Wert konform ist.

Egal ob im privaten oder beruflichen Sektor: Werte sind etwas wichtiges, geben Orientierung, Halt und bilden die Grundlage für unsere Ziele. Manchmal macht es auch Sinn, seine Werte zu überdenken.

Frage 1: *Welches sind die höchsten Werte, nach denen Sie Entscheidungen treffen und Ihre Ziele setzen? Berücksichtigen Sie hierbei Beruf, Partnerschaft, Freizeit, Freude, Gesundheit, Wohlstand, soziale Interessen etc.?*

Frage 2: *Können Sie zu diesen Werten aus tiefster Überzeugung ‚ja' sagen?*

Frage 3: *Was ist für Sie wünschenswert? Lassen sich Ihre Ziele damit vereinbaren?*

4.3 | WAS MACHT IDENTITÄT AUS?

Sinn und Lebenszweck

Haben Sie sich schon mal gefragt, welchen Sinn es eigentlich hat, dass Sie auf der Welt sind? Ob unser Leben überhaupt einen Sinn haben muss, ist eine ganz andere Frage – dürfen wir nicht einfach nur ‚da' sein?

Meistens machen wir uns erst dann Gedanken darüber, ob unser Leben überhaupt einen Sinn hat, wenn irgendetwas vorgefallen ist, das unangenehm war, irgendwelche Konsequenzen für uns hat oder sogar völlig unser bisheriges Leben umkrempelt. Das kann ein wiederholt schlecht abgeschnittener Test sein („Mist, bin ich denn zu blöd für diese Welt?"), die schnöde Arbeit, die man täglich verrichten muss („Schon wieder in dieser Mühle. Soll das alles gewesen sein, was ich in meiner Laufbahn zustande bringe?"), wiederholte Auseinandersetzungen mit dem Partner („Wenn der so weitermacht, kann er sich einen anderen Doofen suchen!"), ein Geständnis, vom Partner betrogen worden zu sein („Bin ich so wenig wert?") oder auch eine medizinische Diagnose, die das bisherige Leben um 180° wendet („So, das war's wohl jetzt! Was für einen Sinn hat mein Leben noch?"). Jeder von uns war sicherlich schon mal an einem Scheitelpunkt angelangt, der für ihn die Sinnfrage auf den Radar geholt hat.

Ich frage Sie jetzt mal etwas: Was ist für Sie „der Sinn Ihres Lebens"?

STOPP!!!

Warum denn das jetzt?

Das ist doch eine uralte Frage, die kein Philosoph bis zurück zur Antike in seinen Gedanken ausgelassen hat. Sokrates, Platon, Aristoteles … sie alle haben nach dem Sinn des Lebens gesucht. Dann sollte die Menschheit ihn ja mittlerweile gefunden haben, oder? Jedenfalls könnte man davon ausgehen.

Ich will hier jetzt nicht mit allen Größen der Antike und Neuzeit mitphilosophieren, aber ich würde es ganz ehrlich nicht als ‚der Sinn meines Lebens' ausdrücken. Ich möchte das schlichtweg nicht globalisieren. Warum ich das so sehe ist ganz einfach: Wir haben in unserem Leben verschiedene Rollen inne: die Rolle des Vaters, der Mutter, des Mitarbeiters, des Partners, der Schwester, des Vorgesetzten, des großzügigen Onkels, der warmherzigen Tante, des Kollegen, des Freunds und so weiter. Sie kennen das schon. Und für jede dieser Rollen haben wir auch eine andere Definition für Sinn. Das ist der Grund, warum ich das nicht globalisieren und versuchen würde, nur EINE Definition für mich zu finden. Welchen Sinn hat es zum Beispiel, was ich als Arbeitgeber tagtäglich tue? Was will ich eigentlich in den nächsten Jahrzehnten noch verändern? Welchen Sinn hat meine Rolle als Vater? Was will ich mit meinen unterschiedlichen Rollen bezwecken?

Achtung: Ein zweiter Begriff taucht in diesem Zusammenhang auf: **Der Lebenszweck.**

Sinn und Lebenszweck werden oft in einem Atemzug genannt – sind aber unbedingt zu unterscheiden. Das will ich kurz erklären:

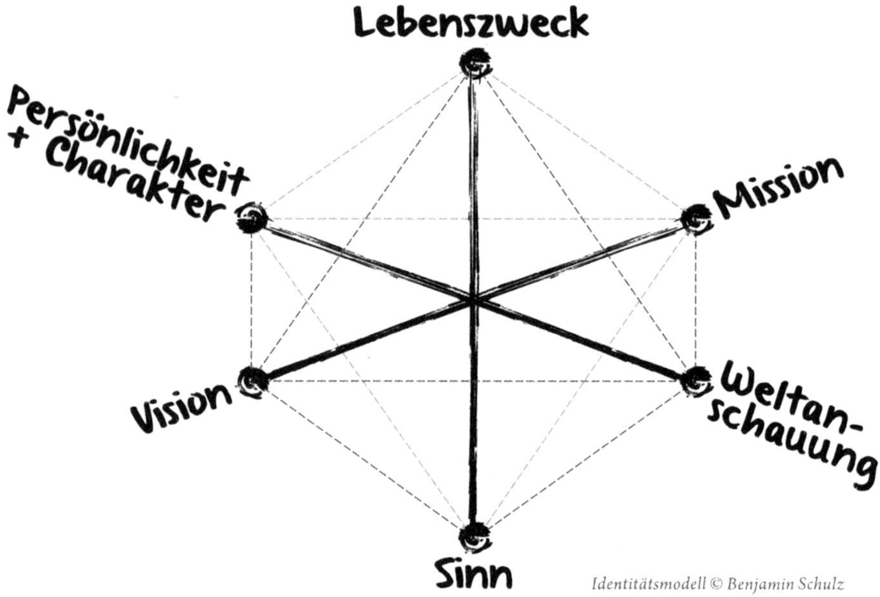

Identitätsmodell © Benjamin Schulz

Der Sinn ist etwas, was tief in uns verankert ist und nur bei uns bleibt. In meiner Arbeit nenne ich das das ‚innere Ich'. Es ist eine passive Rolle. Der Lebenszweck dagegen ist eine aktive Rolle: Das ‚aktive Ich'. Mit dem aktiven Ich wollen wir etwas ‚bezwecken', also durch unser Handeln etwas erreichen. Sinn dagegen ist nichts, was in irgendeiner Form nach außen kommuniziert wird. Warum? Weil nur wir allein für uns definieren können, was wir als sinnvoll erachten und was nicht. Das ist eine Tatsache, mit der sich gerade Eltern schwer tun, wenn es um den schulischen Bildungsweg und die spätere Berufswahl ihrer Sprösslinge geht. Ich finde es erschreckend zu sehen, dass Kinder nach der Grundschule die gymnasiale Laufbahn antreten müssen, bloß weil die Eltern es so wollen. „Mein Kind macht Abitur, egal wie das Zeugnis jetzt ausfällt", habe ich schon von diversen Eltern von Viertklässlern gehört, als es um die Schulwahl der weiterführenden Schule ging. Warum eigentlich? Warum sind Eltern teilweise so starrköpfig und bestehen darauf, ihren Kindern ihre Denkweise von Sinn überzustülpen? Klar ist es toll, wenn die Kids die Hochschulreife in der Tasche haben. Logisch, Schule ist meistens doof und das Lernen machen die lieben Kleinen in diesen jungen Jahren ja auch nicht für sich, sondern um den Eltern einen Gefallen zu tun, oder weil der Lehrer sonst doch wieder nur meckert oder vielleicht auch weil es sonst Ärger zu Hause gibt. Spaß macht Lernen definitiv nicht – da gibt's Besseres. So denken bestimmt ganz viele Kinder im Grundschulalter. Später wird das nicht unbedingt besser. Aber wir dürfen schlichtweg nicht vergessen, dass auch Kinder in diesem Alter schon sehr wohl Vorstellungen davon haben, was sie später einmal machen wollen. Ob das jetzt unbedingt die Kindergärtnerin, die Tierärztin oder der Astronaut bleibt, sei einmal dahingestellt.

Und das ist genau das Ding beim Thema Sinn.

Wir können das, was wir für uns als sinnvoll erachten, niemandem überstülpen. Das schlägt fehl. Als Individuum sehe ich für mich persönlich einen Sinn in dem was ich tue. Die Mutter, die jeden Tag um 6 Uhr aufsteht, um den Nachwuchs für dessen neuen Tag startklar zu machen, sieht für sich darin einen Sinn und verfolgt damit einen Zweck. Einen Lebensabschnittszweck. Natürlich fragt sie sich dabei nicht bewusst jeden Morgen, was sie damit bezwecken will, wenn sie gleich aufsteht. Und doch tut sie es, weil der Sinn dahinter tief in ihr verankert ist. Vom Passiven (dem Sinn) ins Aktive (den Lebenszweck).

Ebenso verhält es sich zum Beispiel mit Freundschaften. Welchen Sinn sehe ich dahinter, eine Freundschaft zu pflegen? Das führt uns direkt zum Lebenszweck: Was soll aus all dem resultieren, das ich als sinnvoll erachte?

In diesem Zusammenhang möchte ich die **Vision** erwähnen. Sie steht ebenso wie der Sinn auf der passiven Seite, gehört also auch zu unserem inneren Ich. Wir haben eine Vision davon, was wir einmal erreichen wollen. Oder anders gesagt: Wir stellen uns etwas vor, wie etwas sein könnte und dann tun wir etwas, um genau das zu erreichen. Es ist die Frage nach: Was ist unser Vermächtnis? Worüber soll irgendwann einmal an unserem Grab geredet werden? Es ist das innere Bild einer Vorstellung über etwas, die uns zum Handeln antreibt – zur **Mission**. Die Mission lässt uns wieder aktiv werden und zeigt uns, was wir dafür tun müssen, um unsere Vision zu erfüllen, um unser Vermächtnis zu hinterlassen. Ich bin der festen Überzeugung, dass jeder Mensch das braucht, eine Mission für sich zu haben. Jeder Mensch braucht eine Aufgabe. Jeder Mensch muss wissen, warum er etwas tut. Warum stehen wir neun Stunden an der Werkbank, sitzen im Büro oder im Hörsaal. Was bewegen wir in dieser Zeit? Ist das denn zweckmäßig oder nicht? Mit diesen Fragen beschäftigen wir uns meist unbewusst, manchmal aber auch bewusst. Und zwar genau in dem Moment, wenn etwas ‚drückt'.

Der Besitzer eines Restaurants hat zum Beispiel die Vision, aus seinen Räumen ein Märchen aus 1001 Nacht zu zaubern. Er hat ein lebendiges Bild im Kopf – eine Vision – und geht mit dieser Vorstellung ins Handeln: renoviert fleißig, besorgt sich neue Möbel, stellt die Speisekarte um, impft die Angestellten entsprechend, stellt einen orientalischen Koch ein, holt diese klassisch nach Orient duftenden Gerüche in sein Lokal und kommuniziert letztendlich das Ganze klar nach außen. Die Mission an die Gäste ist: Bei mir genießen Sie für ein paar Stunden orientalische Gastfreundlichkeit. Das ist echt, das ist authentisch. Der Gast erwartet etwas Bestimmtes und bekommt genau das, wenn er dieses Restaurant besucht. Der Sinn der beruflichen Rolle des Restaurantbesitzers – Sie wissen ja, wir unterscheiden das – ist seine Liebe zu Fernost, die ihn seit seiner ersten Indienreise nicht mehr loslässt. Er möchte diese Verbundenheit mit dem Land jeden Tag erleben können und hat sich aus diesem Grund dazu entschieden, sein Restaurant entsprechend umzubauen. So erlebt er persönliche Erfüllung und gibt dem, was er tut, einen Sinn.

Zumindest für eine Weile seines Lebensabschnitts. Aktuell mag das der Sinn seiner beruflichen Rolle sein – in einem anderen Abschnitt seines Lebens genügt ihm das vielleicht nicht mehr und er will etwas verändern. Das kann der Zeitpunkt sein, wenn er merkt, dass er nicht mehr die Kraft dazu hat, ein Restaurant zu führen. Das kann aber auch ein Erlebnis auf einer weiteren Indienreise sein, wenn er merkt, dass er eigentlich gar nicht mehr nach Deutschland zurück möchte. Plötzlich erachtet er etwas anderes als sinnvoll.

Unser Sinn ist also etwas, was nicht bis zu unserem letzten Herzschlag festgelegt ist. Nein, **er ist veränderbar**. Und zwar im Laufe unseres Lebens immer wieder dann, wenn etwas passiert, das von uns Umorientierung erfordert. Das kann der Schulabschluss sein, ein Jobangebot oder die neue berufliche Position, die Trennung vom Partner, die überraschende Kündigung, der Tod eines nahestehenden Menschen oder eine Krankheitsdiagnose.

Erinnern Sie sich noch an den Professor der berühmten Columbia University aus dem vorherigen Kapitel, der nach 22 Jahren seinen Job aufgegeben hatte, weil seine an Alzheimer erkrankte Frau Vollzeitpflege benötigte? Vor der Diagnose Alzheimer bei seiner Frau Muriel war für Robertson McQuilkin der Sinn seiner beruflichen Rolle nämlich unter anderem der, im Umfeld der Universität erfolgreich zu werden und zu bleiben. Das hat er dadurch erreicht (Lebenszweck!), dass er Abschluss- und Seminarprogramme ausbaute und die Entwicklung der Universität im Allgemeinen unterstützte. Dann kam die Diagnose. Plötzlich sah er keinen Sinn mehr in diesen Aufgaben, denn sein

Fokus verschob sich völlig in Richtung seiner Frau, der er vor 40 Jahren ein Eheversprechen gegeben hatte: in guten wie in schlechten Tagen… . Seine Frau war ihm fortan wichtiger und wurde zu seinem absoluten Lebensinhalt. Mit der Niederlegung seines Amts begann für ihn ein **neuer Lebensabschnitt** – völlig freiwillig. Und der bekam für ihn ab sofort einen ganz anderen Sinn. Für Robertson McQuilkin war alles, was da auf ihn zukam, keine Bürde. Er tat es aus voller Überzeugung und Liebe zu seiner Frau. Sein starker Glaube hat ihm dabei die nötige Kraft gegeben. Die Leistung, die er in dieser Zeit erbracht hatte, wurde von den engsten Verwandten wie von Freunden als ‚unglaublich' bezeichnet. Man konnte vor ihm schlichtweg nur den Hut ziehen! Mit Muriel zusammen zu sein, gab seinem Leben Sinn und es war für ihn selbstverständlich, diese Rolle bis zum Ende durchzuziehen. Er sagte selbst über die Zeit, in der er Muriel pflegte:

„Sie ist eine Freude. Und es ist eine große Ehre, sich um ein so wundervolles Geschöpf sorgen zu dürfen."

Im Jahr 2003 erlag Muriel ihrer Krankheit, nachdem ihr Mann sie 13 Jahre lang gepflegt hatte. Heute ist Robertson McQuilkin Autor und Speaker, wieder verheiratet und Präsident im Ruhestand, der auch mit seinen mittlerweile über 80 Jahren immer noch gerne in die Uni geholt wird, um vor Studenten zu sprechen. Ein weiterer neuer Lebensabschnitt, der wieder einen anderen Sinn für ihn hat. Dieses Beispiel zeigt super gut, dass der Sinn für uns Menschen nichts Festgelegtes ist, sondern sich für jeden Lebensabschnitt neu definiert.

Ich bin der festen Überzeugung, dass es so etwas wie einen Lebensabschnittssinn gibt. Und einer der extremsten ist wohl der, an dem die Leute in die Midlife-Crisis kommen. Am stärksten davon betroffen sind Männer – warum das so ist, kann keiner sagen. Auch die Wissenschaft ist da noch nicht vollends durchgestiegen. Zwar kommen auch

Frauen in diese Phase der Krise, allerdings im Schnitt 10 Jahre früher als die Männer, also so mit Mitte 30 bis Mitte 40. Wenn die Frauen da hineingeraten, fragen sich die überraschten Männer höchstens: „Welchen Bock hat die denn wieder geritten" wenn sie plötzlich ständig an allem herumnörgeln – vor allem an sich selbst – abgeschlagen sind und wie eine leere Hülle herumwandeln. Männer raffen das erst mal nicht. Aber wehe, sie erreichen das für Männer typische Alter…

Warum kommt diese Krise überhaupt?

Die Frage nach dem Sinn zu dem, was wir tun, erleben wir besonders heftig in diesem bestimmten Lebensabschnitt: wenn es mit dem Job läuft, das Haus schon so gut wie abbezahlt ist, die Kinder auf eigenen Füßen stehen und alles Private seinen Trott geht – um es mal ganz grob zu pauschalisieren. Menschen ohne Arbeit, eigenes Haus, Partner oder Kinder sehen das als Wunschtraum, den sie für sich in weiter Ferne sehen. Wenn sie es überhaupt sehen. Deren Sinn besteht erst einmal darin, eine Anstellung zu bekommen, die Miete rechtzeitig zahlen oder die Familie zufriedenstellend ernähren zu können. Vor der Midlife-Crisis ist niemand sicher, egal in welcher sozialen Ebene man sich befindet. Jeder geht nur anders damit um. Je nachdem, was sie haben, wohin sie noch wollen und wovon sie träumen.

Die ersten 40/45 Jahre lebt man, hat Dinge definiert. Dann kommt dieser **Break**, der plötzlich einschlägt wie eine Bombe. Plötzlich entstehen Gedanken, die wie festgetackert nicht mehr aus unserem Gehirn rauszubekommen sind. Sie sind ständig da, in allem, was wir tun:

„Was macht das für einen Sinn, was ich hier tue?"

„Die Hälfte meines Lebens ist um – habe ich erreicht, was ich bis hierhin erreichen wollte?"

„Was will ich eigentlich die nächsten 40 Jahre noch verändern?"

Diese Lebensphase lässt viele von uns innehalten und nachdenken. Männer wie Frauen haben oft das Gefühl, etwas im Leben verpasst zu haben und befürchten, dass es jetzt entweder so weitergeht – was der ‚beste' Fall wäre – oder ab jetzt die Talfahrt einsetzt. Eine absolute Horrorvorstellung!

Nicht selten werden Affären mit meist jüngeren Menschen begonnen („und ich bin doch noch begehrenswert!"). Gerade Frauen, die immer noch überwiegend die Kindererziehung übernehmen, fallen in ein Loch, wenn der Nachwuchs aus dem Haus ist. Sie werden nicht mehr so vereinnahmt, wie das im Schnitt vor 20 Jahren noch der Fall war. Die Kinder tragen jetzt selbst die Verantwortung für ihr Tun und Handeln, nicht mehr die Mutter. Diese Erkenntnis kann ein sehr tiefes Loch in das Leben einer Frau graben. Dann sind da noch die leidigen Wechseljahre mit der ganzen Hormonumstellung, die Gefühlsschwankungen und der tägliche skeptische Blick in den Spiegel, der das Leid nicht unbedingt mindert. Eine Befragung von 2000 Frauen, die das Gesundheits- und Lifestyle-Magazin ‚Top Sante' durchgeführt hat, sagt aus, dass sich Frauen der mittleren Altersgruppe ein Körpergewicht wünschen, das unter dem liegt, das sie mit 20 Jahren hatten. Klagen über zu viel Fett und Unförmigkeit der Körpermitte, unschöne Falten im Gesicht, schlaffe Oberarme oder hängenden Busen, treiben viele Frauen in die Praxen von Schönheitschirurgen.

Bei Männern gilt oft das Klischee, die schwindende Kompetenz mit steigender PS-Zahl ausgleichen zu müssen. Das mag in manchen Fällen zutreffen, schließlich sinkt erwiesenermaßen der Testosteronspiegel und damit die Libido und ebenso Leistungsfähigkeit. Was aber ist mit den Männern, die sich so richtig gefangen fühlen in ihrer aktuellen Situation? Sie haben Haus, Familie, einen Job, der sie nicht erfüllt, den sie aber auch nicht einfach so hinschmeißen können, weil das Haus noch nicht abbezahlt ist. Die argwöhnisch neben ihrer Frau herleben, weil die in ihren Augen nur rumzickt und sie bei jeder Gelegenheit kritisiert. Die noch Kinder im Haus haben, denen es allerdings schnurzegal ist, was ihr Vater sagt. Die im Sport ihre einzige Erfüllung finden und gleichzeitig Angst haben vor dem, was morgen kommt. Das Verhalten dieser Männer ist für alle Außenstehenden eindeutig: „Wie ist der denn drauf? Der ist vielleicht ein Arsch geworden!" - Hat aber jemals einer gefragt, warum?

So weiterzumachen, ist für viele Männer eine absolute Horrorvorstellung. Schließlich ist ihnen bewusst, dass die Hälfte ihres Lebens vorbei ist – ein im Jahr 2011 geborener Junge hat laut Statistischem Bundesamt eine Lebenserwartung von 77 Jahren und vier Monaten. Zum Vergleich: Ein im selben Jahr geborenes Mädchen kann dagegen 82 Jahre und sechs Monate alt werden. Die Männer wissen meistens, dass Frauen länger leben. Und vielleicht ist gerade diese Erkenntnis in der Lebensmitte besonders hart und lässt viele Männer ins Grübeln kommen. Der eine macht einen Break und verlässt Frau und Kind, der andere fühlt sich wie ein Puma im Käfig und findet für sich keinen Weg heraus. Zumindest nicht allein. Aber allein die Erkenntnis, dass da etwas fehlt oder dass da etwas anders laufen müsste, ist die beste Grundlage, einen Weg der Veränderung zu finden.

Auch eine finanziell angespannte Situation kann dazu führen, dass es unbedingt eine Veränderung braucht, um wieder den Sinn für sein Dasein auf dieser Welt zu sehen. Wer schon zig Bewerbungen geschrieben hat und weiterhin Absagen bekommt, zweifelt genauso an sich wie derjenige, der sich abrackert und doch auf keinen grünen Zweig kommt. In diesem Zusammenhang kommt mir ein tolles Buch in den Sinn, das ich vor einigen Jahren gelesen habe und was auch ein wenig später mit Will Smith verfilmt wurde: ‚The Pursuit of

HappYness' (der deutsche Titel lautet: ‚Das Streben nach Glück'). Das Buch ist eine Autobiografie des heute erfolgreichen Stockbrokers Chris Gardner, der eine für unsere Ohren ganz simple Vision klar vor Augen hatte: Er wollte, dass seine Kinder einmal wissen, wer ihr Vater ist, denn er hatte seinen erst mit 28 Jahren kennengelernt. Und er wollte eines Tages erfolgreich und glücklich sein. Dabei waren ihm sein Zuhause und seine Jugend keine große Hilfe und trotzdem schaffte er es, ohne Studium und Hochschulabschluss ganz oben anzukommen. Mit viel Biss und einem unglaublichen Durchhaltevermögen machte er sich auf einen Weg, der ihn von ganz unten nach ganz oben wachsen ließ.

Als ungelernter Verkäufer versuchte er, mit dem Verkauf von Knochendichtemessgeräten Ende der 70er Jahre seine Frau und seinen kleinen Sohn Christopher über Wasser zu halten. Der Verkauf lief schlecht, seine Frau musste Doppelschichten in einer Wäscherei leisten, um wenigstens das Nötigste bezahlen zu können. Bis ihr diese unglaubliche Belastung zu viel wurde und sie sich von ihm trennte. Sie glaubte nicht daran, dass ihr Mann es schaffen würde, sie aus diesem Sumpf der ständigen Angst zu holen, bald alles zu verlieren, denn fast täglich gingen ihnen Mahnungen von unbezahlten Rechnungen zu und die Kontosperrung drohte. Für Chris Gardner folgte eine schwere Zeit mit dem Verlust der Wohnung, einem Rauswurf aus einem Motel, dessen Miete er nicht mehr zahlen konnte bis hin zu Nächten im Obdachlosenheim und auf öffentlichen Toiletten in den U-Bahn-Stationen in San Francisco, die fast ein Jahr lang für ihn und seinen kleinen Sohn Zufluchtsorte waren.

Noch während seine Ehe in den letzten Atemzügen lag, hatte er eine schicksalhafte Begegnung, die den Grundstein für seinen Weg nach oben legen sollte: Wie immer war Chris Gardner in der Stadt unterwegs, um Knochendichtemessgeräte zu verkaufen, als direkt vor seiner Nase ein roter Ferrari hielt, aus dem ein Mann ausstieg. Voller Bewunderung fragte er diesen: „Was tun Sie und wie machen Sie das?“ Der Ferrarifahrer antwortete, dass er Börsenmakler sei und man dazu nur gut mit Zahlen und Menschen umgehen müsse. Er machte ihn auch auf eine freie Praktikumsstelle eines Maklers aufmerksam, die zwar nicht bezahlt war, aber garantierte, dass der beste Praktikant nach einem Jahr mit einer Anstellung rechnen konnte. Das genügte Chris. Er bewarb sich und wurde genommen, weil er durch sein überzeugtes Auftreten den Verantwortlichen beeindruckte und war auf einmal auf der untersten Stufe angekommen, die ihn mit ganz kleinen Schritten und harter Arbeit auf den Weg bringen sollte, seine Mission zu erfüllen. Buchstäblich mittellos und mit dem ständigen Stress, für die Nacht eine Bleibe für sich und seinen kleinen Sohn finden zu müssen, absolvierte er dieses Trainingsjahr. Seinen Abschluss bestand er als Bester aller Praktikanten und wurde gegen Bezahlung bei dem Börsenmakler angestellt.

Ab da ging es bergauf, denn er hatte durch seine offene, freundliche und ehrliche Art während des Praktikums nicht nur viele Größen unter den Börsenmaklern kennengelernt, sondern nutzte diese auch für seine Weiterentwicklung bis hin zur Gründung seiner eigenen Firma, der ‚Gardner Rich'. Chris Gardner unterstützt heute viele Wohltätigkeitsorganisationen mit seinem Vermögen und unterrichtet Obdachlose. Er hatte eine klare Vision und verfolgte vehement dieses Ziel. Wo Ende der 70er Jahre noch sein Lebenssinn der war, seine Familie über die Runden zu bringen, wurde die Begegnung mit dem Ferrarifahrer Startschuss zu einem unglaublich großen Lebenssinn: Glücklich und erfolgreich zu werden. Nachdem er dort angekommen war, änderte sich für ihn der Sinn dieses neuen Lebensabschnitts in Richtung Unterstützung und Förderung Mittelloser. Heute sagt er klar: „It's okay to fail, but it's not okay to quit." – **„Es ist okay zu scheitern, aber es ist nicht okay aufzugeben.“** Das gibt er an alle Menschen weiter. Das ist sein Lebenszweck. Eine Wahnsinngeschichte, die wahrscheinlich wegen ihrer Unglaublichkeit unbedingt verfilmt werden musste.

So wie es Chris Gardner geschafft hat, seinen Sinn und Lebenszweck nicht nur zu erkennen, sondern dem auch nachzugehen, stehen viele andere Menschen immer wieder vor dieser Frage:

„Jetzt kenne ich meinen Sinn und Lebenszweck, aber wie schaffe ich es, meinen Alltag danach aufzubauen?"

Das kann harte Arbeit sein – richtig hart. Mit Arbeit an sich selbst, seiner Umgebung, seiner Mitmenschen. Und es kann auch Veränderung bedeuten, die geringfügig bis massiv sein kann. In diesem Moment kommt es schlichtweg darauf an, wie stark jemand ist, wie stark sein Wille ist. Oder umgekehrt, wie bequem jemand ist und lieber weiter ausharrt. Chris Gardner war ganz unten. Er verbrachte mit seinem kleinen Sohn die Nächte in einer U-Bahn Toilette, weil sie keinen Platz mehr im Obdachlosenasyl bekommen haben und ist am nächsten Morgen trotzdem am Praktikumsplatz erschienen und hat voller Ehrgeiz darauf hingearbeitet, unter vielen anderen Mitbewerbern den besten Abschluss dieses Trainingsjahres zu machen, um dann mit einem ‚richtigen' Job gutes Geld zu verdienen. Er wollte ganz klar seinem Sohn ein besseres Leben bieten können, als er es bisher hatte. Für eine Weile sah es ganz danach aus, als würde das sein großer Traum bleiben. Seine Umwelt zweifelte an ihm und seinem Ziel. Sogar die, die ihm am nächsten standen, unterstützten ihn nicht gerade mit Aussagen wie: „Du willst ein Stockbroker werden? Ohne Uniabschluss? Du schaffst es ja nicht mal, ein Gerät im Monat zu verkaufen. Kümmere dich lieber drum, dass wir unsere Miete bezahlen können!" Viele andere hätten Selbstzweifel bekommen: „Ja, sie hat recht. Wie soll ich das schaffen? Zwei Jobs auf einmal … ."

Ich kenne viele Leute, denen man gewisse Dinge nicht zugetraut hat, die sie aber durchgezogen haben, weil sie es unbedingt wollten und weil sie überzeugt waren, dass sie das auch schaffen würden. Da ist die Abiturientin, die gerne nach ihrem Abschluss für ein Jahr ins Ausland gehen wollte und viele Freunde und Verwandte es ihr nicht zutrauten, weil sie immer sehr an ihrem Elternhaus hing. Sie tat es trotzdem, was gerade die Eltern überraschte, denn die dachten immer, sie würde kurz vorher noch einen Rückzieher machen. Da ist der Langzeitarbeitslose, der sich schon aufgegeben hatte und in einem tristen Alltag gefangen war. Erst durch einen Bekannten wurde er wieder auf sein Können aufmerksam, rappelte sich auf und fand tatsächlich wieder eine Anstellung in seinem Job. Da ist die Mutter zweier heranwachsender Kinder, die jetzt mit Mitte 40 ihrem Traum nachgeht und noch einmal studiert. Um finanziell ihrem Mann nicht ‚auf der Tasche zu liegen' arbeitet sie zusätzlich halbe Tage und nimmt diese Doppelbelastung für ihren lang gehegten Wunsch gerne in Kauf. Da ist der Geschäftsführer, der sich mit 50 ‚festgefahren' fühlte und fragte, ob er bis jetzt in seinem Leben all das erreicht hat, was er sich vorgenommen hatte und schließlich zur Erkenntnis kam, dass er mit einem Jobwechsel mehr seines Potenzials einsetzen könnte.

Diese Beispiele aus dem täglichen Leben könnte ich hier fortsetzen und ein weiteres Buch damit füllen. Sie alle zeigen, dass es sehr wohl Sinn macht, seinem Leben einen Sinn zu geben. Schon allein aus der Tatsache heraus, dass wir Menschen immer dann am besten funktionieren, wenn wir Anreiz, Lob und Bestätigung für das bekommen, was wir tun. Bekommen wir das nicht, stellen wir schon bald die Frage nach dem Sinn unseres Tuns. Wir strengen uns nicht weiter an, Dinge voranzubringen, uns weiterzuentwickeln oder etwas an unserer Situation zu verändern, weil wir schlichtweg nicht nachvollziehen können, warum wir den ganzen ‚Aufriss betreiben' sollen. Wir bleiben festgefahren. Es ist daher nicht verwunderlich und auch den Leuten nicht übel zu nehmen, wenn sie in ihrer Soße drin stecken bleiben und nicht aus eigener Kraft herauskommen. Zumindest nicht die, die keinen so starken Willen haben und lieber schnell aufgeben. Das kann verdammt schwer sein.

Aber was bringt das?

Unterm Strich doch noch mehr Frust. „Der hat leicht reden! Der steckt ja nicht in meiner Haut! Ich würde gerne mal sehen, was der machen würde, wenn er gerade das durchmachen müsste, was ich gerade durchmache!", ist eine nicht unberechtigte Aussage, die Sie vielleicht jetzt treffen. Ja, reden kann jeder und tolle Tipps geben können auch viele da draußen. Aber wer ist denn wirklich da und zeigt einem den Weg raus aus der Soße? Ganz ehrlich: den Weg kann niemand zeigen. Das ist Fakt. Den Weg muss nämlich jeder selbst gehen. Was jemand anderes aber machen kann, ist, dem Gefangenen zur Seite zu stehen. Und wenn es nur dazu ist, ihm erst mal bewusst zu machen, dass er etwas ändern muss. Im nächsten Schritt kann dieser Jemand einfach nur da sein und zuhören. Hat sich der Betroffene dazu entschieden, etwas gegen seine Misere zu unternehmen, ist der andere einfach nur da und begleitet ihn auf seiner Reise aus der Ravioli-Dose. Steht ihm zur Seite, wenn es schwer wird, ermuntert, baut auf, treibt an und ist einfach nur da, wenn er gebraucht wird.

Es ist keine Schande einen Fehler zu machen und hinzufallen. Es ist aber eine Schande am Boden liegen zu bleiben und nicht wieder aufzustehen.

Natürlich hört es sich erst mal leicht an, wenn jemand sagt: „Du musst da raus! Du musst dein Leben endlich wieder in die Hand nehmen." Wenn man von klein auf in eine Schiene gedrückt worden ist – sei es die Schulrichtung, der Beruf, die Partnerschaft, Kinder – ist man oft extrem festgefahren. Sinn und Lebenszweck existieren vielleicht tief in uns drinnen, wir sehen für uns aber keine Chance, diesen zu folgen. Wer in eine sozial ungünstige Umgebung hineingeboren wurde, lernt oft nichts anderes kennen, als Menschen, die in genau der gleichen Gegend aufgewachsen sind. Es würde eine Riesenanstrengung für einen Menschen aus diesen Kreisen bedeuten, wenn er für sich erkennt, dass er eigentlich etwas anderes will als von Sozialhilfe leben zu müssen, wie die meisten seiner Familienmitglieder und Nachbarn. Oder nehmen wir die Beziehung, in der ein Partner unzufrieden ist, sich aber nicht traut offen mit dem Partner zu reden oder gar auszubrechen, weil das einen weiteren Rattenschwanz von ganz vielen unangenehmen und vor allen Dingen unbekannten Aufgaben und Situationen mit sich bringen würde. Wenn man erst mal festgefahren ist, wird der Kraftakt auszubrechen umso größer. Und jeder Ausbruch, jede Erfahrung, die man in seinem Leben gesammelt hat, hinterlässt ihre Spuren an uns. Prägt uns und lässt uns anders handeln. Um den Weg zu finden, der unserem Sinn und Lebenszweck sowie Vision und Mission entspricht, müssen wir schon früh auf die Suche gehen. Und wir sollten erst dann aufhören zu suchen, wenn wir den für uns richtigen Weg gefunden haben.

Apple - Gründer Steve Jobs hat genau dieses Thema im Jahr 2005 bei seiner berühmten Stanford-Rede an die Absolventen der Universität aufgegriffen und einen sehr persönlichen Einblick in sein Leben gegeben. Er hat die Menschen dort davon überzeugt, wie wichtig es ist, dass jeder sein Leben lebt: „Um Großartiges leisten zu können, müsst ihr lieben, was Ihr tut. Wenn ihr es noch nicht gefunden habt, sucht weiter danach und gebt nicht auf. Euer Herz wird euch sagen, wann ihr es gefunden habt. Eure Zeit ist begrenzt, verschwendet also eure Zeit nicht damit, das Leben eines anderen zu leben. Lasst nicht die Einstellungen anderer an eurem Innersten rütteln und was am wichtigsten ist: Habt die Courage und folgt eurem Herzen und eurer Intuition, denn diese wissen sowieso bereits, was ihr wirklich machen wollt. Alles andere ist zweitrangig. Sucht weiter danach – **gebt nicht auf.**“

Das ist ein Auszug, der genau das wiedergibt, was jeder von uns tun sollte, nicht nur frisch gebackene Hochschulabsolventen: Weitersuchen, nicht aufgeben. Und zwar um das zu finden, was wir lieben. Denn erst dann können wir unser Leben so führen, wie wir es uns wünschen. So geben wir unserem Leben einen Sinn.

Frage 1: *Sehen Sie für sich einen Sinn in dem, was Sie tun?*

____

____

____

____

____

Frage 2: *Haben Sie eine genaue Vorstellung über das, was Sie mal erreichen wollen?*

Frage 3: *Haben Sie bereits alles erreicht, was Sie in Ihrem Leben umsetzen wollten?*

4.4 | WAS MACHT IDENTITÄT AUS?

Weltanschauung

Es gibt noch einen vierten Bereich, der uns und unsere Identität mit beeinflusst und der je nach Persönlichkeit sehr unterschiedlich stark ausgeprägt sein kann: die Weltanschauung.

Jetzt ist der Begriff Weltanschauung nicht ganz eindeutig zu definieren. Geht es hier um Religion? Um Kulturen? Um Bräuche? Oder schweife ich etwa doch in die Philosophie ab? Wenn ich Wikipedia etwas vereinfacht zitiere, ist Weltanschauung alles, was wir uns aufgrund von Wissen, Erfahrung und Empfinden selbst zusammengestellt haben, wie wir die Welt sehen, welche Rolle jeder Einzelne von uns darin hat und welche Rolle die Gesellschaft spielt.

Wie jeder Einzelne von uns die Welt und sich und seine Rolle darin sieht, hängt zum einen sehr stark davon ab, mit welchen **Traditionen** wir groß geworden sind. Das variiert von einem Land zum anderen und sogar noch innerhalb des Landes von Ort zu Ort. Noch viel größer sind die Unterschiede in den Traditionen von Land zu Land. Afrikanische Kleinkinder zum Beispiel werden mit einem Tuch eng an den Körper der Mutter gebunden und machen jede Bewegung mit – ob bei der Feldarbeit, beim Wasserholen, beim Kochen, Hütte auskehren etc. Sie während dieser Arbeiten in einem Kinderwagen oder einer anderen Tragevorrichtung an der Seite abzustellen – wie es hierzulande eher gang und gäbe ist – wäre dort für die Kleinen lebensgefährlich, schließlich könnten Schlangen oder andere gefährliche Tiere schnell zur Gefahr werden. Mal davon abgesehen, dass in der Steppe selbst ein geländetauglicher Kinderwagen nur ein Klotz am Bein wäre. Solch ein Bild ist für uns nur schlecht vorstellbar. In

Europa wäre es schlichtweg undenkbar, den Spross mit zur Arbeit zu nehmen. Die steigenden Zahlen von zusätzlichen Krippenplätzen zeigen den Bedarf der jungen Mütter, die ihr Kind schon vor dem 3. Lebensjahr in eine Betreuung geben möchten, um möglichst schnell wieder ins Berufsleben zurückgehen zu können.

Traditionen und somit die Weltanschauung verändern sich auch über die Jahre hinweg. Noch vor 100 Jahren war es selbstverständlich – wie auch die Jahre zuvor – dass die Großeltern im Haus ihrer Kinder bis zu ihrem Tod wohnen bleiben konnten. Diese hatten ihre Eltern traditionsgemäß zu verpflegen und zu versorgen. Daran gab es nichts zu rütteln. Andererseits war das auch eine große Entlastung für die Kinder, die wiederum die Möglichkeit der Betreuung für ihre eigenen Kinder direkt vor Ort hatten. Ein Betreuungsproblem, wie wir es heute kennen, gab es damals schlichtweg nicht. Wenn wir uns jetzt wieder die Grafik von Seite 100 anschauen, zeigt das aber auch, dass je ausgeprägter die Seite der Weltanschauung war, desto mehr Persönlichkeit wiederum eingebüßt werden musste. In anderen Worten: Hatte man aus Traditionsgründen die eigenen Eltern im Haus, hieß das auch, auf Dinge verzichten zu müssen, die man sonst gerne getan hätte. Die eigene Persönlichkeit konnte also weniger intensiv ausgelebt werden.

Gerade in China ist das Thema mit den alten Mitmenschen aus Tradition groß. Dort ist es auch heute noch selbstverständlich, dass die ‚Alten' so lange mitversorgt werden, wie eben nötig. Meist von den Schwiegertöchtern zu Hause. Das Rostocker Zentrum für Demografischen Wandel hat in Forschungsprojekten zusammengetragen, dass eine solche Pflege in ein paar Jahrzehnten so nicht mehr umsetzbar sein wird, weil durch die Ein-Kind-Politik eben nur ein Kind da sein wird, das seine Eltern allein versorgen muss. Wegen der gestiegenen Lebenserwartung in China kommen nicht selten auch noch alle vier

Großeltern mit dazu. Das muss man sich mal auf der Zunge zergehen lassen. Da sind keine Geschwister, die sich das untereinander aufteilen können. Für ein Kind ist das praktisch nicht umsetzbar.

Sicherlich gibt es auch in Deutschland Familien, die diese Tradition bewahrt haben. Der Großteil möchte aber bewusst sein eigenes Leben leben und selbst bestimmend seinen Tag gestalten – und übernimmt dafür auch gerne die Betreuungskosten. Für die Sprösslinge oder die Großeltern.

Weltanschauung ist aber auch ganz stark von den **religiösen Vorstellungen** geprägt. Schon vor vielen hunderttausend Jahren haben unsere Vorfahren an gute und böse Geister oder Mächte geglaubt, die unser Leben bestimmen. Wir glaubten also schon damals daran, dass da etwas Unsichtbares ist, das unsere Hoffnungen und Wünsche erfüllen kann. Christen sehen Gott als diese unsichtbare Macht. In den etwa 10.000 anderen Religionen auf unserer Erde sind es andere Geisteswesen, Götter oder Naturkräfte, die den Menschen Halt geben – mit Lehren und Regeln.

Je nachdem, wie stark wir Menschen uns diesen Lehren und Regeln hingeben, desto spezifischer ist unsere Weltanschauung in diese eine Richtung ausgeprägt. Dabei gibt es religiöse Lehren, die das Leben ihrer Anhänger stärker mitbestimmen als andere, was wiederum bedeutet, dass eine sehr spezifische Ausrichtung eine Veränderung der Persönlichkeit zur Folge hat. Meist werden religiöse Vorstellungen von den Eltern an die Kinder übermittelt. Die Kinder führen das Übermittelte erst mal weiter und entscheiden dann – ob das möglich ist, bestimmen wiederum die Regeln der entsprechenden Religion – wie sie ihren Weg darin weitergehen möchten. Es kommt durchaus auch vor, dass Erwachsene ihre religiösen Vorstellungen ändern und aus einer bestimmten Überzeugung heraus eine andere Religion annehmen. Eins der berühmtesten Beispiele dafür ist wohl der Boxer Cassius Clay, der im Alter von 33 Jahren zum Islam konvertierte und ab da den Namen Muhammad Ali trug. Er hat damit seinen „Sklavennamen", wie er seinen Geburtsnamen damals bezeichnete, abgelegt.

Religiöse Vorstellungen sind überall anders. Mir fallen spontan zwei krasse Beispiele ein, die das supergut verdeutlichen. In der *arabischen Welt* zum Beispiel herrscht der allgemeine Grundsatz: Allah wird es schon richten. Hat jemand ein Problem – Allah wird eine Lösung finden. *Buddhisten* wiederum kennen gar keinen Gott oder eine allmächtige Seele und gehen mit solchen Themen wieder ganz anders um.

Ich möchte diesen religiösen Teil der Weltanschauung mal ganz persönlich aus meiner Ecke erzählen, denn ich merke den Einfluss der Religion ja auch an meiner Identität: Die wenigsten wissen, dass ich aus einer Pastorenfamilie komme. Naja – spätestens jetzt wissen es schon mehrere, aber ich möchte das gerne hier einbringen. Ich bin als Pastorensohn in einem sehr christlich geprägten Umfeld groß geworden und wir haben natürlich sehr viel über Glauben und Spiritualität gesprochen. **Das hat mich natürlich auch sehr geprägt – bis heute.** Es hat mich geprägt, wie ich heute Dinge lebe, wie ich Dinge sehe und einschätze und wie ich mit Dingen umgehe. Und ich habe auch gemerkt, wie sehr mich diese Prägung gerade während der Trennung von meiner damaligen Frau unwahrscheinlich unter Druck gesetzt hat. Mir war immer bewusst, dass mich mein Umfeld als Pastorensohn ganz anders wahrgenommen hat und die Leute um mich herum immer bestimmte Erwartungen an mich gestellt haben. Der Crash kam dann, als ich mit mir selbst in einem riesengroßen Konflikt stand. Nämlich als ich an dem Punkt angekommen war, dass ich mich von meiner Frau trennen wollte. Und fast hätte ich diesen Schritt damals nicht getan, weil ich damit ja absolut gegen meine christliche Erziehung verstoßen habe.

Es hat große Auswirkungen auf unsere Identität, wie wir aus unserer Weltanschauung heraus Dinge einordnen und mit ihnen umgehen. Das hat wieder Auswirkung auf unser Wertesystem. Letztendlich hängen alle vier Punkte – nämlich Persönlichkeit und Charakter, Wertesystem, Sinn und Lebenszweck und Weltanschauung – ganz eng zusammen und legen fest:

Was macht mich aus?
Wer bin ich?
Was kommuniziere ich?
Wie komme ich wieder in die Gestalterrolle?

Das für sich zu definieren, ist wichtig für jeden Einzelnen von uns. Jeder kann für sich erkennen, was momentan wirklich los ist. Jeder kann reflektieren, warum es so gekommen ist und jeder kann Wege finden, wieder ins Gestalten zu kommen. Ins Gestalten der eigenen Lebensgeschichte. **Werden Sie wieder Regisseur und Held Ihres Alltags!**

KAPITEL 5

REGISSEUR UND HELD MEINES ALLTAGS

Bis hierhin habe ich einiges an Theorie und Praxisbeispielen gebracht. In den Praxisbeispielen haben es viele Menschen geschafft, den Weg aus ihrer Ravioli-Dose zu finden und ihr ‚Ding' zu tun – ihre Identität zu leben. Jetzt stellt sich natürlich die Frage nach dem **WIE**.

Es ist schön und gut, immer wieder darauf hinzuweisen, dass der Weg aus dem gefangen sein hart und schrittweise auch ernüchternd sein kann. Dass es immer wieder Rückschläge geben kann, die einen daran zweifeln lassen, ob es jetzt überhaupt richtig war, die Veränderung angestoßen zu haben. Wie kann sich jetzt jemand, der in seiner aktuellen Situation absolut unglücklich ist, seine Identität bewusst machen? Wie erkennt derjenige, dass da etwas schief läuft und vor allen Dingen, **WARUM** da etwas schief läuft?

Auch bei mir war das so. Und es ist mir damals nicht leicht gefallen zu erkennen, dass mir einerseits etwas fehlte und ich andererseits auf der Suche nach etwas war. Das Gefühl, wie ein Puma im Käfig gefangen zu sein mit dem Wissen, dass da draußen etwas ist, das mich erfüllt. Etwas, wonach ich schon lange suchte und was mir erst damals richtig bewusst wurde. Das meinen Hals zuschnürte, mein Herz wie wild pochen ließ, sobald ich morgens die Augen öffnete und dafür sorgte, dass ich abends noch lange wach liegen würde. Das meine Gedanken blockierte und mich in meinem Handeln einschränkte. Ich fühlte mich wie eine leblose Hülle, die zwar da war und ihre Aufgaben verrichtete – im beruflichen wie im privaten Alltag – deren

Gedanken aber ständig um dieses eine Thema kreisten: **Ist es das, was ich für die nächsten Jahre will?** Was ist aus meiner Identität geworden? Genauso wie es bei mir eine ganze Weile gedauert hat, mich endlich in Bewegung zu setzen und zu überlegen, wie ich es schaffe, aus diesem Käfig herauszukommen, haben viele andere das gleiche Problem. Manche schaffen es vielleicht nie und leben ein Leben, das jemand anders ihnen übergestülpt hat. Das sollte jeder um seines Selbst willen boykottieren.

Ich will Sie mit diesem Buch ermutigen, sich Ihrer Situation zu stellen und Ihrer Identität freien Lauf zu geben.

Jeder hat die Freiheit, sich hinzusetzen, Zeit zu nehmen und in sich zu gehen: Fühle ich mich momentan unwohl und kann es nicht klar definieren warum? Habe ich das Gefühl, nur noch zu funktionieren? Gibt es etwas, was mich im Moment stört? Lasse ich mich gerne von anderen beeinflussen? Gibt es regelmäßig auftretende Situationen, in denen ich mich am liebsten ‚in ein ‚Mauseloch' zurückziehen würde? Habe ich bisher erreicht was ich wollte? Was hat mich daran gehindert, das zu erreichen was ich eigentlich wollte? Machen Sie das mal. Reflektieren Sie, warum es Ihnen gerade nicht gut geht. Was müsste sich ändern, damit dieses Unwohlsein verschwindet? Gibt es etwas, was Sie davon abhält, diesen nächsten Schritt zu gehen? Was könnte passieren?

Ich möchte Sie auf den folgenden Seiten mitnehmen, für sich einen Weg zu finden, mit dem Sie sich Ihre individuellen Fragen stellen und darüber nachdenken können. Lassen Sie uns mit der ersten Transfermöglichkeit für den Alltag starten.

5.1 | REGISSEUR UND HELD MEINES ALLTAGS

Wer sitzt auf dem Regiestuhl?

„Die Angst sitzt mir im Nacken!". Kennen Sie diese Aussage? Wenn nicht von Ihnen selbst, haben Sie diesen Satz bestimmt schon von anderen Menschen aufgeschnappt. Wenn diese Angst von uns Besitz ergriffen hat, ist das ein unglaublich bedrohendes Gefühl und kann begleitet sein mit Körperreaktionen: wir verstummen von einer Sekunde auf die andere, sind wie erstarrt, bekommen Schweißausbrüche, Herzrasen, wir ziehen uns die Decke über den Kopf, wir rennen weg, wir verstecken uns – abhängig von der Situation, in der wir uns gerade befinden. In diesem Moment sind nicht mehr wir selbst diejenigen, die bestimmen was passiert, sondern die Angst, die uns eben sprichwörtlich im Nacken sitzt. Sie führt Regie. Sie bestimmt, wie wir reagieren, was wir machen, wie wir uns fühlen. Und die Angst ist sehr mächtig. Sie hat einen riesengroßen Einfluss auf uns.

Sie ahnen schon, wo die Reise hingeht? Nein, ich will Sie jetzt nicht dazu ermutigen, sich eine Tarantel auf die Hand setzen zu lassen oder die Nacht in einem Aufzug zu verbringen, wie das in Angsttherapien gemacht wird – schauen Sie sich am besten den Titel dieses Kapitels noch einmal an. Nein, es geht jetzt auch nicht nach Hollywood… ich möchte hier zeigen, warum es so viele Menschen gibt, die selbst gar nicht über ihr Denken und Handeln bestimmen. Die wie fremdgesteuert Dinge tun, weil sie denken, diese tun zu müssen – nicht aus dem Grund, weil sie sie tun WOLLEN. Dazu möchte ich Sie jetzt an einen Ort entführen, der das Ganze sehr schön veranschaulicht. Ich nehme Sie mit ins Theater.

Ein **Theater** hat schon etwas Magisches. Schon unsere Vorfahren hatten ihre Freude daran, eine erfolgreiche Jagd später am Lagerfeuer mit übergehängten Fellen der erlegten Tiere dem Rest der Familie zu zeigen. Im Laufe der Jahrtausende hat sich das Theater immer weiter entwickelt und sich bis heute zu einem komplexen Unternehmen gemausert. Wenn früher Kampfsituationen nachgestellt wurden, bemühen sich in einem Theater, wie wir es kennen, ganz viele Leute darum, uns an einem Abend in eine andere Welt zu entführen. Klar, Filme machen das auch – aber Theater hat schon etwas Besonderes. Wir sehen alles live, Patzer werden nicht verborgen, die Akteure leisten Unglaubliches. Und damit das alles funktioniert, arbeiten ganz viele Menschen im Hintergrund, die der Zuschauer bei der Vorstellung selbst gar nicht wahrnimmt. Da gibt es Leute wie Schreiner und Stellmacher, die sich um das Bühnenbild kümmern, die Schneiderei und die Maske, die für die Garderobe und das Aussehen der Akteure sorgen, andere sorgen für den richtigen Sound und Lichteffekte, wieder andere kümmern sich um das leibliche Wohl der Gäste. Es gibt noch viel mehr Personen, die man benötigt, ein Theaterstück aufzuführen und alle sind wichtig. Was das jetzt mit Identität zu tun hat, wollen Sie wissen? Passen Sie mal auf…

Lassen Sie uns mal drei Personen herauspicken, die für ein Theaterstück unbedingt notwendig sind. Zuallererst ist da derjenige, der eine Geschichte in seinem Kopf entstehen lässt und diese zu Papier bringt. **Der Autor.** Was bewegt jetzt einen Autor überhaupt, eine Geschichte zu schreiben? Man kann davon ausgehen, dass vor allem ihn etwas bewegt, an dem er die anderen Menschen teilhaben lassen möchte. Das kann ein persönliches Erlebnis sein, eine politische Begebenheit, ein Traum oder eine Phantasiegeschichte. Ein Autor möchte etwas bezwecken, zum Nachdenken bewegen, auf etwas aufmerksam machen, aufrütteln oder auch einfach nur gut unterhalten. Er ist sozusagen der Kopf eines Theaterstücks.

Jetzt kommt eine weitere Person mit ins Spiel, die dafür sorgt, dass das, was sich der Autor bei seinem Stück gedacht hat, auf der Bühne umgesetzt wird. **Der Regisseur.** Er sorgt für die Inszenierung der Geschichte, legt dafür fest, welcher Akteur welche Rolle übernimmt, wo jeder einzelne Darsteller seine Position auf der Bühne hat, welche Klamotten zu tragen sind, wie die Darsteller ins rechte Licht gerückt werden sollen und so weiter. Seine Aufgabe ist es, die Akteure dann in ihrer Rolle zu unterstützen und entsprechend anzuleiten. Ein Regisseur arbeitet oft eng mit dem Autor zusammen und hat die Aufgabe, das Werk des Autors zu interpretieren.

Letztendlich zu sehen bekommen die Zuschauer dann die eigentliche Hauptperson eines Theaterstücks. Den **Akteur**. Er bekommt eine Rolle zugeschrieben, die der Regisseur für ihn vorgesehen hat. Seine Aufgabe besteht darin, diese Rolle für die Zeit der Aufführung zu verkörpern, mit all ihren Stärken und Schwächen. Dafür bekommt er genaue Anweisungen darüber, wen er verkörpert, welche Charaktereigenschaften diese Figur hat, wie er auszusehen hat, wie er bekleidet sein muss, was er wann sagen muss, wann er wo zu stehen hat und so weiter. Akteure holen sich oft Input von Personen in ähnlichen Rollen – Will Smith hat bei der Verfilmung des Buchs ‚The Pursuit of HappYness' (im Deutschen bekannt unter dem Titel: ‚Das Streben nach Glück') zum Beispiel viel Zeit mit dem Autor Chris Gardner verbracht, um möglichst viel über dessen Person zu erfahren. Bei Shakespeare ist so was natürlich nicht mehr möglich. Von daher fällt wieder ein bedeutender Part auf den Regisseur und dessen Inszenierungsarbeit.

Was beim Theater auffällt ist, dass alle Beteiligten Hand in Hand arbeiten, weil sie gemeinsam das gleiche Ziel verfolgen: Dem Zuschauer ein gutes Stück vorzuführen, um im Anschluss möglichst viel Applaus und in der Presse gute Kritiken abzusahnen. Das spornt an!

Verglichen mit dem Theater ist auch unser Leben eine Inszenierung. Und zwar eine **Inszenierung unseres Selbst**. Wir sind Autor, weil wir unsere Geschichte selbst schreiben. Gleichzeitig sind wir auch Regisseur, denn wir haben unser Leben selbst in der Hand, treffen Entscheidungen, orientieren uns und leben danach. Und selbstverständlich sind wir auch Akteur, denn wir setzen selbst um, was wir für wichtig und lebenswert erachten. Eigentlich müsste es uns Menschen total leicht fallen, unser Leben so zu gestalten, dass es uns so richtig gut geht. Eigentlich haben wir eine Idealbesetzung eines Theaters, die alle drei Rollen optimal aufeinander abstimmen und danach leben kann.

Warum fällt das vielen Menschen nur so schwer?

Ich werde morgens wach und habe sofort ein schlechtes Gefühl im Bauch. Ich weiß genau, dass es schon bald an der Tür klopfen wird und sich meine Nachbarin bei mir breit macht. Wer oder was führt denn da Regie über mich und meine Gefühle? Oder das Magendrücken gleich nach dem Aufwachen macht mir wieder bewusst, dass der bevorstehende Test beim Arzt keine guten Ergebnisse bringen wird. Wer oder was führt da Regie? Oder ich fahre wie jeden Morgen ins Büro und dieses merkwürdige Gefühl begleitet mich immer noch. Sobald ich angekommen bin, durchlebe ich den Tag mit dieser permanenten Anspannung, die mich einfach nicht mehr loslässt ... Wer oder was führt denn jetzt Regie und warum? Wer oder was führt Regie, wenn der Manager bei einem Teammeeting ausrastet? Wer oder was führt Regie, wenn der Partner wieder mit einem abwertenden Kommentar die Erziehung des Sprösslings kommentiert? Woher bekommt der Regisseur seine Anweisungen? Der macht ja nicht was er will! Nein, der Regisseur führt Regie auf Basis dessen, was der Autor schreibt und definiert, welche Akteure wie agieren und warum. Das Spannende bei der Geschichte mit dem Theater ist, dass wir als Menschen die Chance haben, alle diese drei Rollen einzunehmen und selbst definieren zu können, wie wir diese Rollen ausführen möchten. Wir sind der Autor und schreiben die Story. Im richtigen Leben wie auch im Theater gilt jedoch eins: Als Autor muss man die Charaktere seiner Schauspieler kennen. **Man muss sich selbst kennen, um den für sich richtigen Weg zu finden und zu gehen.**

Muss das sein? Muss man sich das antun?

Die nächste Stresssitzung in der Firma steht an und ich weiß, dass es wieder nur Ärger geben wird und der Chef wieder nur auf mir herumhackt. Ich will, dass das endlich aufhört. Eine super Voraussetzung, etwas anzustoßen. Allerdings muss es mir auch bewusst sein, dass ICH dazu etwas beitragen muss. **Bin ich aber bereit, etwas zu ändern, bin ich auch bereit, an mir zu arbeiten.** Was also muss ich tun? Ich muss ganz klar meine Rolle neu definieren und gehe dafür noch ein bisschen tiefer: Was hat dazu geführt, dass mich der Chef seit jeher so behandelt? Was war der Auslöser? Wie habe ich mich in diesem Moment verhalten? Hatte er damals Recht mit seiner ersten Anschuldigung? Habe ich ihm einen Anlass gegeben, mich in diese „Schublade“ zu stecken? Statt vor dem Rest des Teams auf Konfrontationskurs zu gehen, kann es hilfreich sein, das 4-Augen Gespräch mit dem Chef zu suchen. Wenn ich weiß, wer ich bin, kann ich auch meine Rolle schreiben. Habe ich ein klares Standing, bin ich authentisch, glaubwürdig, ehrlich – nicht nur anderen gegenüber sondern auch mir selbst gegenüber.

Vor dem anstehenden Familientreffen geht mir jetzt schon die Muffe. Ich weiß genau, dass da wieder nur ein Thema Sache sein wird und ich versuchen muss, mich da rauszureden. Warum muss ich mich nur ständig rechtfertigen? Kann ich nicht einfach nur so sein, wie ich bin? Ich habe keine Lust, mich wieder dieser Situation auszusetzen, aber ich weiß genau, dass ich wieder darauf angesprochen werde. Was kann ich tun? Einfach nicht hingehen? Oder direkt Klartext reden und allen damit vor den Kopf stoßen? Dann wissen sie wenigstens, dass sie nicht alles mit mir machen können. Was hat eigentlich dazu geführt, dass ich immer wieder mit diesem Thema konfrontiert werde? Habe ich den Auslöser dafür gegeben? Was kann ich dafür tun, dass unsere Treffen anders verlaufen?

Ich habe den Wunsch, mich als Geschäftsführer so und so zu definieren. Ich habe den Wunsch, mich als Mutter oder Vater so und so zu verhalten. Wenn ich das für mich festgelegt habe, kann ich mit harter Arbeit bewusst rangehen und für mich die Regieführung definieren. Was muss ich tun, damit mich mein Chef wieder respektiert? Wie kann ich bei unseren Familientreffen die angespannte Stimmung lockern? Wie muss ich meine Geschichte schreiben, damit ich mich als Geschäftsführer so definieren kann? Wie sind die Voraussetzungen, damit ich mich als Mutter oder Vater so verhalten kann? Die Situation ist wie sie ist. Die altbekannte Schweinebacke ist auch da und sorgt für dieses miese Gefühl im Bauch.

Wie kicke ich diese Schweinebacke von meinem Regiestuhl, damit ich wieder das Sagen habe?

Ich kenne viele Menschen, die kennen ihre Schweinebacke auf ihrem Regiestuhl und sie werden sie einfach nicht los. Das kann die Versagensangst sein, die einem an manchen Tagen mehr und an anderen Tagen weniger intensiv im Nacken sitzt. Oder es kann der Respekt vor einem geschätzten Menschen sein, in dessen Gegenwart sich ein stetiges Minderwertigkeitsgefühl breit macht. Oder auch die gut gehütete Liebe zu einem Menschen, die der andere niemals erfahren darf und in Momenten der Begegnung das Herz bis zum Hals pochen lässt. Es gibt sie auch, diese Schweinebacken, die einfach da sind und immer mal wieder „aufmucken". Jetzt kommt es auf jeden Einzelnen an zu entscheiden, ob diese Angst, dieses Minderwertigkeitsgefühl oder diese Liebe dort auf dem Regiestuhl sitzen bleiben dürfen oder ob sie sich besser vom Acker machen. Darf der da jetzt sitzen, oder bin ich derjenige, der den Ton angibt? Es ist keine Schande, diese Schweinebacke zu haben, aber man muss diesem ‚Ding' sagen können: „Hör zu, ich weiß, dass es Dich gibt und ich weiß, dass Du jetzt da bist. Aber ich ignoriere Dich jetzt einfach und mache mein Ding!"

Jeder Mensch hat in seinem Leben Phasen, in denen jemand anderes auf dem Regiestuhl sitzt. Immer wieder kommen diese Phasen und sind mal mehr, mal weniger heftig. Oft haben diese mit Menschen zu tun, mit denen wir die meiste Zeit in der Woche verbringen: Mitarbeiter und Kollegen. Das erinnert mich gerade an die Erfahrung einer jungen Frau, die durch die Erlebnisse mit ihrem ehemaligen Chef einen Schritt getan hat, den sie sich selbst niemals zugetraut hätte. Dieser Chef war ein Mensch, der seine Leute höchstgradig schikanierte. Das fing bei der Organisation seiner Veranstaltungen an und ging bis zu Satzbaukorrekturen von E-Mails. Einmal kam es zu einer Situation, in der etwas besprochen werde musste und der Chef wieder sein gewohntes Ritual der Schikane ablaufen ließ. Die junge Frau kam in diesem Moment an ihre Grenzen der Toleranz, sagte dem Mann plötzlich, dass sie sich hier nicht ihre Nerven und ihr Leben kaputt machen lassen wollte, packte ihre Sachen zusammen und verließ das Gebäude. Mit zitternden Beinen stand sie vor der Tür und fragte sich: „Was habe ich hier eigentlich gemacht?" Erst da wurde sie sich ihres Handelns bewusst. Sie hatte aus dem Bauch heraus diese Entscheidung getroffen, weil das Maß schlichtweg voll war – ohne zu wissen, was kommt.

Skepsis, Unsicherheit, erschüttertes Vertrauen oder Angst können die Dinge sein, die sich bevorzugt auf unserem Regiestuhl breit machen. Gerade die Angst hat eine große Macht. Die Angst vor Arbeitslosigkeit, Versagen, Krankheit, vor dem was morgen kommt… Wir fühlen uns gefangen, sind blockiert und lassen nur negative Gedanken zu – das alles geschieht meistens unbewusst. In solchen Momenten ist diese Schweinebacke besonders stark und wir sind nicht in der Lage, ihr Einhalt zu gebieten. Wir lassen sie walten, lassen uns immer wieder ins Ohr flüstern: „Ja, du bist ein Versager, du hast nicht den Schneid, dich gegen die Anschuldigungen deines Chefs zu stellen; du wirst immer ein schlechter Vater sein; du bist selbst dran schuld, wenn du dich immer wieder unterbuttern lässt; du hast nicht den Mumm, mit deinem Mann darüber zu sprechen, wie es Dir wirklich geht; du hast doch viel zu viel Angst, dass jemand mitbekommt, was bei dir zu Hause abgeht…" Je nachdem, wie ‚verloren' wir uns in diesem Moment in einer Situation fühlen, desto schwieriger wird es sein, dieser Stimme Paroli zu bieten.

Unsere Gedanken haben eine riesengroße Macht über uns.

Nicht nur in solchen Momenten, in denen die negativen Gedanken überwiegen, sondern immer. Wirklich immer! Und es ist einfach so, dass alles, was in unserem Leben passiert, davon abhängt, wie wir denken, fühlen, handeln. Wir erschaffen uns sozusagen alles in unserem Leben, mit dem was in unserem Kopf vor sich geht, wie wir uns fühlen und was wir daraus machen. Nichts passiert, ohne dass wir das in irgendeiner Art und Weise mit verursacht haben. Das ist Tatsache! Was ist jetzt mit all denen, die sich in ihrer Partnerschaft gefangen fühlen, deren Kinder ihr ‚Ding' machen, denen der Job keine Erfüllung bringt, die in jeden Tag hinein leben ohne ihn wirklich zu erleben? Was ist mit all denen, die in sozial schwächere Schichten hineingeboren wurden, keine Unterstützung von zu Hause bekommen und bei denen schon in frühen Jahren klar ist, dass sie ihr Dasein in Arbeitslosigkeit fristen werden, so wie Mutter und Vater auch? Was ist mit denen, die von klein auf gesagt bekommen haben : „Du kannst das nicht, das ist falsch, Du bist doch nur ein Versager"? Was ist mit all denen, deren Leben sich durch die Diagnose einer schweren Krankheit plötzlich um 180 Grad wendet, die ihr Leben nicht mehr lebenswert sehen?

Denn: *Sie alle haben eine Chance!*

Sie alle haben eine Chance ihr Leben zu verändern, lebenswert zu machen. Sie alle haben die Chance, wieder Regie zu führen – für manche wäre das sogar das erste Mal in ihrem Leben. Jeder erinnert sich an den Wettkandidaten Samuel Koch, der seit seinem schweren Unfall bei der Wetten, dass ... ? Sendung im Dezember 2010 vom ersten Halswirbel an abwärts gelähmt ist. Mit nur 24 Jahren hat er einen totalen Einschnitt in sein Leben verkraften müssen, das bis dahin von Sport dominiert wurde. Innerhalb von Sekunden wurde sein Leben ein anderes. Jetzt spricht er für sich von einer neuen Zeitrechnung, in der er nach eigenen Angaben eine extreme Entschleunigung erlebt. Nach einem Jahr Aufenthalt in einer Schweizer Spezialklinik arbeitet Samuel Koch jetzt jeden Tag daran, Normales zurückzugewinnen, denn er glaubt fest daran, dass er irgendwann nicht mehr permanent auf den Rollstuhl angewiesen sein wird. An dieser Hoffnung hält er sich fest.

Oder wenn wir uns die Geschichte von Florian Sitzmann anschauen, der im August 1992 durch einen schweren Verkehrsunfall beide Beine verloren hat, wird uns bewusst, dass man es wirklich schaffen kann, aus einer schier aussichtslosen Situation auszubrechen. Nach dem Unfall war seine Familie die größte Stütze für ihn, die ihm half, sich Stück für Stück wieder ins Leben zurückzukämpfen. Später kam das Interesse der Medien an dem ‚halben Mann' dazu und veränderte sein Leben weiter. Florian Sitzmann hat ein Buch mit seiner Geschichte herausgebracht und gibt heute Lesungen. Durch seine Präsenz in der Öffentlichkeit erreichen ihn auch sehr viele Zuschriften, in denen die Menschen offenlegen, dass er für sie ein großes Vorbild ist und sie Kraft aus seiner Person schöpfen. Das wiederum ist für ihn persönliche Erfüllung.

Es gibt tausende von Geschichten da draußen mit früheren erfolgreichen Sportlern, die durch einen tragischen Unfall an den Rollstuhl gefesselt waren und mit viel Willen und Disziplin zurück ins Leben gefunden haben. Und gleichermaßen gibt es genug Geschichten von solchen, die es nicht geschafft und sich aufgegeben haben.

Ich habe keinerlei Vorstellung, was Menschen in ähnlichen Situationen durchgemacht haben und wieviel Kraft und Lebenswillen dazu nötig waren, wieder Stück für Stück zurück ins Leben zu kommen. Ich weiß aber, was es heißt, wenn man am Boden ist und wie mies es einem gehen kann. Ich will aber alle Menschen auffordern, in sich zu gehen – das Bewusstsein wecken, in sich hineinzuhören. Reißt mich meine Situation jetzt vollkommen runter, oder sehe ich noch ein kleines Licht für mich am Ende eines langen, dunklen Tunnels? Sehe ich Alternativen um mich herum? Sehe ich die anderen Möglichkeiten und kann sie für mich nutzen? Habe ich die Kraft, mich auf ein völlig neues Ziel einzulassen? Habe ich die Kraft, diesen neuen Weg einzuschlagen, um nicht die Angst, Krankheit, Selbstzweifel über mich Regie führen zu lassen, sondern selbst wieder zu bestimmen, wie ich mein Leben ändern will?

Viele Menschen sagen: „Ich kann nicht Regie führen." Das stimmt nicht! Jeder von uns hat ein Standing und jeder kann es auch unter Kontrolle haben – man muss es nur wollen. Ich kann selbstverständlich sagen, dass mich der Chef gerade mal wieder ankotzt, dass mich der gleichgültige Umgangston der Kinder absolut wahnsinnig macht, dass ich keinen Bock mehr auf meine monotone Partnerschaft habe, dass ich aus meinem langweiligen Job raus will ... Egal wie ich mich in diesem Moment entscheide – was ich sage oder tue – es wird Konsequenzen in irgendeine Richtung haben. Und diese Konsequenzen können Verlust bedeuten und mich bis zu meinem Lebensende prägen, peinen. Die Wege, auf die ich mich mit meiner Entscheidung begebe, können richtig hart sein, schwer und extrem herausfordend. Wichtig ist bei diesem Weg, dass ich mich nicht verliere: Wenn ich nach Jahren feststelle, dass ich mich falsch entschieden habe und erst einmal in diesem Ding drin sitze, ist das Aufwachen bei weitem härter.

Wie die Frau, die nach dem Tod des Vaters ihrer Mutter im Nachbarort eine Wohnung organisiert hat und jetzt die persönliche Hölle erlebt: Ist die Mutter mal zu Besuch – was etwa 2-3 mal in der Woche der Fall ist – besteht der zweite Satz bereits aus Vorwürfen. „Wie das hier wieder aussieht! Du kannst einfach keine Ordnung halten, das konntest du früher schon nicht. Allen Mist hebst du auf, das braucht doch niemand ...". Persönliche Dinge werden einfach weggeworfen, Decken anders gefaltet, Sachen umgestellt. Kaum vorstellbar? Tja, das gibt's tatsächlich. Die Tochter wacht mittlerweile nachts auf, ist schweißgebadet, hat Herzklopfen und liegt den Rest der Nacht grübelnd im Bett. Hier hat klar die Mutter Regie über das Leben der erwachsenen Tochter übernommen. Die Mutter ist es, die sie nachts wach werden lässt, die ihren Puls bei jedem Telefonklingeln in die Höhe schießen lässt. Ihr ist klar, dass etwas passieren muss, sonst wird sie bald daran kaputt gehen. Sie muss ihr eigenes Verhalten der Mutter gegenüber ändern. Respekt und Wertschätzung haben sie bisher zurückgehalten, Paroli zu bieten. Aber das sind in dem Moment falsche Werte, die sie auf Dauer eher schädigen statt ihr von Nutzen zu sein. Die Tochter wird die Mutter nicht ändern – das ist ihr klar. Sie muss aber etwas an sich ändern. Sie muss ihren Standpunkt deutlich machen, auch wenn das bedeutet, die Mutter zu verletzen. Sie muss der Mutter klar machen, dass sie den Kontakt erheblich reduzieren wird, wenn jeder Besuch in der gewohnten Weise abläuft. Das hat sie sich fest vorgenommen. Und das ist harte Arbeit, aber letztendlich ihr persönlicher Gewinn. Freiheit statt Unterdrückung. Selbst entscheiden, wie die Decke gefaltet werden soll …

Wenn ich mich zum Beispiel in früheren Jahren entschieden habe, in meinem Job zu bleiben, weil ich schließlich weiter die Familie versorgen und das Haus weiter abbezahlen muss, könnte ich nach einigen Jahren feststellen, dass es jetzt zu spät ist, den Absprung zu wagen. Ob aus altersbedingten oder gesundheitlichen Gründen. Dann könnte das bedeuten, für die restlichen Jahre gefangen zu sein. Die Gewissheit, die Chance verpasst zu haben, das zu machen, was mich erfüllt und weiterentwickelt hätte, ist plötzlich der Punch in den Magen, der die Tatsache so brutal ins Gewissen holt. Obwohl sich die Chance in jüngeren Jahren mehrmals geboten hatte – und ich schlichtweg zu viel Angst hatte, den Schritt zu wagen. **Die Angst saß auf dem Regiestuhl.**

Ich kann genauso gut in dem ‚Partnerschaftsding' drin sitzen, weil ich der Kinder zuliebe ‚durchgehalten' habe, mein Gewissen keinen anderen Weg zugelassen hat oder ich einfach die Erwartungen der Familie, Partner und Freunde nicht enttäuschen oder verletzten wollte. Das Loch, in das ich dann falle, kann umso tiefer sein und mich aus eigener Kraft nicht mehr an die Oberfläche krabbeln lassen. Was wir als ‚das kleinere Übel' gerne hingenommen haben, hat sich dahingehend entpuppt, eben nicht das kleinere Übel zu sein. Plötzlich stellen wir fest, dass unsere damalige Entscheidung auf Kosten unserer Identität gegangen ist. Das darf nicht passieren. Denn dann sind wir mittendrin in der Raviolität. Dann kommen zu Kopfschmerzen, Schlafstörungen und Antriebslosigkeit noch weit härtere ‚Vergewaltigungen' unserer Identität dazu.

Ja, wir betrügen uns selbst!

Wir machen uns jeden Tag etwas Neues vor. Reden uns ein, dass das alles so in Ordnung ist, dass das unsere Aufgabe auf dieser Welt ist – wären da nicht Magendrücken und Herzrasen, die unserem Unterbewusstsein sagen, dass hier etwas falsch läuft. Wir haben aber auch in jedem Stadium unseres Lebens immer die Möglichkeit, aus der Ravioli-Dose herauszukommen, wieder selbst Regie zu übernehmen und ein ‚artgerechtes' Leben zu führen. Das macht uns Menschen im Vergleich zu anderen Lebewesen unserer Erde so besonders. Unsere Entwicklung über die etwa zwei Millionen Jahre unserer Geschichte hat das möglich gemacht. Wir können Entscheidungen treffen. Wenn wir früher als Steinzeitmensch einem Mammut gegenüberstanden, konnten wir es entweder erlegen – und das Essen für die ganze Sippe war einige Zeit gesichert – oder wir konnten wegrennen und unser Leben retten, weil wir gerade keine Waffen dabei hatten, um das Mammut zu erlegen. Dann gab's eben erst mal kein Essen. Entscheidungen haben immer unser Leben geprägt und wir sind mit dieser außerordentlichen Gabe daran gewachsen. Das hat sich bis heute nicht geändert. Wir lernen aus Erfahrung, müssen oft aber erst hinfallen, um wieder aufzustehen und die Dinge anders anzugehen. Das ist oft alles andere als angenehm.

Egal in welcher Situation wir uns gerade befinden und wie belastend sie ist – auf den Boden zu fallen ist keine Schande und es kann jedem passieren. Eine Schande ist es allerdings, am Boden liegen zu bleiben und alle anderen über uns laufen zu lassen.

Ich kenne Menschen, die für sich erkannt haben, dass es keinen Sinn macht, sich anzupassen und gegen die eigene Identität anzukämpfen. Sie leben nach ihren eigenen Überzeugungen, führen selbst Regie und machen dabei immer wieder die Erfahrung, bei ihrer Umgebung anzuecken. In dem Moment, wo sie ihre Meinung vertreten, sind sie für andere ein unangenehmer Kandidat. Sie wissen das. Sie akzeptieren das. Sie merken aber auch, dass es ihnen damit besser geht. Und so schreiben sie ihre Geschichte selbst. Nicht die Angst und die Verzweiflung, sondern die Überzeugung, das für sich Richtige zu tun, schreibt ihre Lebensgeschichte.

Wie schafft es jemand, wieder Regie über sich und sein Tun zu übernehmen und Autor seines Lebens, seiner Lebensgeschichte zu werden? Um diese Frage beantworten zu können muss uns immer eins bewusst sein: **Wir bestimmen, was in unserer Geschichte passiert und warum.** Wir geben den Ton an. Wir haben ein bestimmtes Ziel vor Augen. Wir haben die Chance und das Potenzial, Autor, Regisseur und Akteur zugleich zu sein. Das müssen wir uns immer wieder bewusst vor Augen halten. Wenn wir das verstanden haben, können wir sehr viel verändern.

Wer diesen Grundgedanken verinnerlicht hat, ist auf einem guten Weg. Nicht immer ist es einfach, genau daran zu denken, wenn es einem so richtig schlecht geht. Dann findet man trotzdem weitere 1000 Gründe, nicht ‚aufzumucken'. Dann ist der Regiestuhl so hoch oben, dass er selbst mit größter Mühe unerreichbar weit weg erscheint. Das ist der Moment, in dem man nicht den Gedanken an sich heranlassen darf, dass man eventuell zu schwach sein könnte. Dass man es wieder nicht schaffen wird, wie schon in so vielen Situationen zuvor. Erinnern Sie sich: Je nachdem, wie Sie sich hier und jetzt entscheiden, hat das Auswirkungen auf alles, was kommt. Im Hamsterrad bleiben, weiter zurückstecken? Oder doch besser endlich den Mund aufmachen, sagen, was einen beschäftigt? Ins Handeln kommen? Konsequenzen haben die Entscheidungen immer. Die eine Seite lässt uns so weitermachen wie bisher – Magendrücken, Unruhe, Unwohlsein – die andere Seite kann sich wie eine plötzliche Erlösung anfühlen und gleichzeitig den Startschuss geben, das bisher gewohnte Leben umkrempeln zu müssen oder zu dürfen.

Die Reinigungskraft, die zwei Jobs erledigt, um als Alleinerziehende die laufenden Kosten decken zu können, entscheidet sich einen der Jobs zu kündigen, weil der Frust zu groß wird und sie sich ausgenutzt fühlt. Konsequenz: Das Geld wird noch knapper und jede Ausgabe wird statt zweimal, dreimal überdacht. Weitere Konsequenz: Sie hat jetzt mehr Zeit, sich um ihren pubertierenden Sohn zu kümmern, der bisher nachmittags alleine zu Hause war und drohte, in die falschen Kreise abzurutschen.
Der Abteilungsleiter, der keine Chance für sich sieht, in der Firma aufzusteigen und von der Unternehmensführung immer klein gehalten wurde, sieht nur eine Besserung seiner Situation in einem Firmenwechsel und schaut sich parallel nach einer neuen Stelle um. Konsequenz: Durch seine aktive Suche geht er jetzt gelassener mit der angespannten beruflichen Situation um und begegnet der Geschäftsführung auf einer anderen Ebene. Die Arbeit wird für die Dauer der Suche erträglicher. Weitere Konsequenz: Auch der neue Job kann Einschränkungen bieten, die in der Startphase noch nicht ersichtlich sind. Oder er kann der absolute Volltreffer sein.
Die Mutter, die nach der Geburt ihres Kindes nach einem Weg sucht, Erziehung und Beruf unter einen Hut zu bekommen und gerne ihre Leidenschaft mit einer eigenen Geschäftsidee verwirklichen würde. Soll sie es wagen? Steht der Mann hinter ihrem Wunsch? Passt das finanziell? Konsequenz, wenn sie in ihren ‚alten' Job zurück geht, statt ihr eigenes Ding aufzubauen: Die Betreuungszeiten für das Kind könnten nicht optimal mit den Arbeitszeiten übereinstimmen. Weitere Konsequenz: Der Aufwand für die Organisation steht in keinem Verhältnis mit dem finanziellen Zugewinn und der emotionalen Bestätigung.

Wie auch immer in solchen oder ähnlichen Situationen Dinge angepackt werden … die Menschen darin werden nicht erfahren, wie es sich anfühlt, ihre Identität zu verwirklichen, wenn sie alles beim Alten belassen. Die Reinigungskraft würde jeden Tag mit einem unguten Gefühl im Doppeljob sein, der Abteilungsleiter würde mehr und mehr die Lust an seinem Arbeitsalltag verlieren und die junge Mutter würde nach einiger Zeit eine Leere in ihrem Leben verspüren.

„Sich selbst zu kennen, ist die erste aller Wissenschaften" hat schon Platon gesagt und das ist genau das, was in unserem Leben zählt. Jeder sollte in Momenten, die dieses unwohle Gefühl, diese Beklemmung oder diese Angst hervorrufen, innehalten und sich genau fragen:

Wer bin ich überhaupt?
Wo bin ich gerade und warum?
Will ich hier überhaupt sein? Habe ich das selbst entschieden, hier jetzt drinzustecken?
Hat mich jemand dazu gebracht, ohne dass ich es wollte?
Warum habe ich das getan?
Was muss ich tun, um hier wieder heraus zu kommen?
Schaffe ich das aus eigener Kraft?

Bei all den Überlegungen dürfen wir eine Sache nie vergessen: **WIR sind Autor unseres Lebens.** Wir bestimmen, was in unserer Geschichte passiert und warum. Zumindest die Bereiche, auf die WIR Einfluss haben. Sicherlich gibt es Umstände, auf die wir keinen Einfluss haben, wie Krankheit, Unfall, Schicksalsschläge und ähnliches. In den Bereichen, wo wir das aber können, entscheiden wir für uns selbst – nicht die Angst, die Unsicherheit, das Minderwertigkeitsgefühl, die Scham. Nur wir! Und wenn wir uns für einen Weg entscheiden, sind wir für die Konsequenzen daraus verantwortlich. Auch das kann uns niemand anderes abnehmen. Jede Entscheidung ist außerdem die

Chance auf einen Neuanfang. Mit jedem Neuanfang gewinnt man etwas. Das kann zum Beispiel die Erkenntnis sein, mutig genug zu sein etwas zu wagen und anzupacken. Das kann die Erkenntnis sein, endlich neue Freiheit zu besitzen, selbstbestimmt durchs Leben gehen zu können. Das kann die Erkenntnis sein, doch mehr zu können als man sich bisher zugetraut hat, dass man endlich in der Lage ist, wieder selbst Regie über sein Leben zu führen.

Mit jedem Neuanfang begeben wir uns aber auch auf unbekanntes Terrain. Wir probieren Dinge aus, lassen uns auf etwas Neues ein und entwickeln uns gleichzeitig immer weiter. Unterm Strich bedeutet das purer Gewinn. Mit einem Neuanfang kann man aber auch auf die Nase fallen. Dann heißt es: Aufstehen! Solange wir ein Ziel vor Augen haben, ist das unsere Kraft, die uns immer wieder aufrappeln lässt. Die uns als Autor, Regisseur und Akteur sagt, warum wir gerade diesen Weg gehen sollen. Wenn wir es wieder zurück auf unseren Regiestuhl geschafft haben, leben wir authentisch. Dann sind wir echt. Authentische Menschen kommen sehr weit in ihrem Leben, denn sie sind ehrlich und aufrichtig zu sich selbst. Dann werden wir aktiv und können auch andere begeistern.

Ein Spruch von Alan Alexander Milne trifft es genau auf den Punkt: **„Der Durchschnittsmensch wartet immer darauf, dass etwas geschieht, anstatt sich selbst an die Arbeit zu machen, damit etwas geschieht.“**

Und damit spricht er genau mein Thema an: Übernimm wieder Regie und sorge dafür, dass du dein Leben so führen kannst, wie du es für dich willst.

5.2 | REGISSEUR UND HELD MEINES ALLTAGS

Der Ruf des Helden

Wir haben sie geliebt… die Helden unserer Kindheit. Von Schneewittchen, die unter dem Neid ihrer Stiefmutter mehrere Attacken auf ihr Leben überstanden hat, über Dagobert Duck, der in jedem seiner Abendteuer seine heißgeliebten Taler beschützt bis hin zu Luke Skywalker, der sich wacker gegen die dunkle Seite der Macht stellt und immer wieder das Imperium rettet. Helden begleiten uns unser Leben lang und sind schon für die Kleinsten Vorbilder. Warum eigentlich?

Helden sind Vorbilder. Auf der einen Seite sind sie stark, haben nicht selten Superkräfte oder zumindest außergewöhnliche Fähigkeiten. Auf der anderen Seite haben sie aber ebenso Schwächen, die ihnen immer wieder einen Strich durch die Rechnung machen, sie unter Druck setzen und sogar in Gefahr bringen können. Das macht sie wiederum menschlich und uns fällt es umso leichter, uns mit ihnen zu identifizieren. Wir können uns dann besser in deren Person mit all ihren Gefühlen und Gedanken hineinversetzen. Wir schlüpfen mit in ihre Rolle – ob im Comic oder im Film.

Sie sind oft ganz einfache Menschen, oder solche, die durch ihr Schicksal in ganz einfachen Verhältnissen aufgewachsen sind. Sie hatten oft keine tolle Kindheit (Hänsel & Gretel), haben die Eltern verloren (Harry Potter), wurden in der Schule gemobbt (Spider Man) oder bei der Arbeit (Aschenputtel) oder wurden durch äußere Umstände gezwungen, ihr bisher friedvolles Leben aufzugeben (Frodo aus „Herr der Ringe“). Ein entscheidender Moment ist der Start in ein neues und gleichzeitig unbekanntes Leben. Tiere können auf einmal sprechen, Superkräfte durchströmen den Körper, eine fremde

Kraft forciert zum Aufbruch. Durch ihr Schicksal werden sie nun aufgefordert, neues Terrain zu betreten: Plötzlich sind sie allein auf weiter Flur, haben eine Aufgabe, die sie möglichst ohne Schaden zu nehmen bewältigen müssen und stehen am Start zu einer Reise, deren Verlauf sie nicht erahnen können.

Jetzt sind das natürlich alles Helden, die mit besonderen Mächten und Zaubereien zu tun haben. In unserem Leben läuft uns allerdings selten mal so etwas über den Weg. Auch haben wir keine Superkräfte, die wir für uns nutzen könnten. Und doch sind wir alle Helden.

Wir sind Helden unseres Alltags.

Ich sage das deswegen so bewusst und selbstsicher, weil ich absolut davon überzeugt bin, dass wir alle Helden sind. Wir stoßen immer wieder auf Situationen und Herausforderungen, die von uns irgendwie ‚gewuppt' werden müssen. Meistens läuft das komplett unbewusst ab. Ein supergutes Beispiel für Helden, die gar nicht wissen, dass sie Helden sind, sind Menschen, die ihre Kinder alleine erziehen. Sie legen jeden Tag einen wahnsinnigen Spagat hin zwischen Kindern, Beruf, Haushalt, etc.. Oder Menschen, die Familienmitglieder pflegen. Sie haben eine komplett neue Ausrichtung ihrer Rolle – auf Zeit. Unglaublich anstrengend, unglaublich aufopfernd, unglaublich selbstverständlich. Dann gibt es Menschen, in deren Leben etwas auf einen Auslöser gedrückt hat – einen Startknopf sozusagen, der jetzt sagt: Tu was! Solche Auslöser können die unterschiedlichsten Gesichter haben. Es kann eine Lebenssituation sein, die zu einem kompletten Umbruch geführt hat und den Betroffenen plötzlich orientierungslos zurücklässt. Es können Menschen betroffen sein, die eigentlich alles haben, was sie zum Leben brauchen und denen doch etwas fehlt, was sie wieder aktiv am Alltag teilhaben lässt, auf das sie sich freuen können, das ihnen neue Energie gibt. Das kann ein unerklärbarer

Leidensdruck sein, den jemand verspürt, der plötzlich größer und größer zu werden scheint. Der diese Schlaflosigkeit verursacht, diese Gedanken nur noch kreisen lässt und alles andere rundherum ausschaltet. Man fühlt sich leer, gefangen, ausgenutzt. Ganz allgemein können auch Menschen betroffen sein, die gar keine Orientierung haben und nicht wissen, was sie tun sollen. Die in den Tag hinein leben, sich gehen lassen und jegliche Perspektive ausgeblendet haben.

Was alle in ihrer Situation gemeinsam erleben ist ein **Ruf**: Tu endlich was! Lass Dich nicht hängen! Komm ins Handeln!

Das ist leichter gesagt als getan.

Gut gemeinte Ratschläge kommen von überall her: „So kannst du doch nicht weiter machen!“, „Schau dich doch mal an… du gehst ja kaputt!“, „Wo ist denn der lebensfrohe Mensch hin, den ich mal kennengelernt habe?“, „Wenn du so weiter machst können wir dich bald einliefern!“…. Aber hören wir diese Ratschläge auch in diesem Moment? Sehen wir für uns selbst überhaupt die Notwendigkeit? Oft sind wir doch schlichtweg nur angenervt von diesen ganzen Sprüchen – und das ist der Knackpunkt: Wir selbst müssen erkennen, dass sich etwas ändern muss!

Eine Bekannte ist seit Jahren mit ihren beiden Kindern und der unklaren Jobsituation ihres Mannes überfordert. Sie bekommt seit mittlerweile 3 Jahren psychologische Betreuung, war mit ihren beiden Töchtern schon zur Mutter-Kind-Kur, aber ihr innerer Stress lässt einfach nicht nach. Es ändert sich nichts. Vor kurzem erzählte sie mir, dass sie ihr drittes Kind erwartet. Meine Überraschung konnte ich zu diesem Zeitpunkt nicht verstecken. Nach der Frage, ob sie das denn schaffen wird mit noch einem kleinen Wurm, der ihre komplette Aufmerksamkeit braucht, bekam ich die Antwort: „Das schaffe ich schon irgendwie." Okay. Neue Situation, neues Glück. Sie hat für sich noch nicht erkannt, dass sich etwas gravierend ändern muss, damit sie als Mensch, als Frau wieder ‚leben' kann. Im Moment steckt sie nur zurück, nimmt Rücksicht auf andere, schaut, dass der Alltag einigermaßen funktioniert. Wenn sich demnächst der Zuwachs ankündigt, wird ihr innerer Ruf immer leiser werden. Sie wird ihn nicht mehr hören. Weil sie ihn nicht hören will. Und das ist der Knackpunkt. Man muss diesen Ruf selbst wahrnehmen. Man muss ihn hören und ihn sich bewusst werden lassen. Dann kann man in die weitere Überlegung einsteigen: Was mache ich jetzt? Was will ich? Was tut mir gut?

Diesen inneren Ruf zu verspüren, ihn überhaupt wahrzunehmen, ist nicht leicht und meistens auch nicht mit nur einmal rufen getan. Ich hatte mehr als genug Momente, die mich damals viel früher ins Handeln hätten bringen müssen. Spätestens als meine Gesundheit an einem sehr dünnen Faden hing, hätte ich tätig werden müssen. Ich habe mehrere Anläufe gebraucht, bis ich dem Ruf folgen konnte. Auch Sylvia Hamacher – die Schülerin, deren Geschichte ich Ihnen am Anfang dieses Buchs erzählt habe – hatte mehrere Anläufe benötigt, bis sie den ersten Schritt tun und aktiv gegen die Mobber vorgehen konnte. Zuallererst hat sie sich sogar versteckt, um den Attacken aus dem Weg zu gehen. Auch sie hat den Ruf nicht wahrgenommen. Den Ruf, sich aufzumachen auf eine Reise – eine **Heldenreise**.

Eigentlich ist jede interessante Story in Büchern, im Kino oder in unseren heißgeliebten Comics eine Heldenreise. Meist erlebt ein Held eine Abenteuergeschichte, die gespickt ist mit Herausforderungen, Gefahren, Versuchungen, kurzen Niederlagen und auch schönen, erbauenden, Kraft schöpfenden Momenten. Was genau passiert, legt natürlich der Autor fest, der die Rollen den einzelnen Charakteren anpasst. Ähnlich wie in unserer Regiestuhl-Geschichte bestimmen wir als Held unsere Story – unsere Reise. Es liegt ganz an uns selbst, was uns alles auf dieser Reise widerfährt, wie wir die neuen Herausforderungen meistern und wie wir das in unserem Alltag umsetzen.

Ganz klassisch bei unserer Heldenreise ist, dass wir erst einmal zögern, diesem inneren Ruf nach Aufbruch zu folgen. Wir haben plötzlich Schiss, weil diese Reise bedeutet, Vertrautes aufgeben zu müssen und damit lieb gewonnene Sicherheit zu verlieren. Angst macht sich breit. Jetzt hilft nur ein ‚Kick in the butt' – ein Tritt in den Hintern. Der kostet Kraft und Überwindung und lässt uns auch schon sofort wieder auf den nächsten Widerstand stoßen:

Ist das jetzt richtig, was ich hier machen will?

Ein Zögern. Der letzte Widerstand, den wir überwinden müssen, um unsere Reise anzutreten. Ein Kind, das an einem Bachrand steht und zögert: „Schaffe ich den Sprung oder schaffe ich ihn nicht?" braucht einen Moment, um allen Mut zusammen zu nehmen, alle Kräfte zu mobilisieren und schließlich den inneren Zweifler zu überwinden und… springt, ohne nass zu werden. Das Kind hat seine Zweifel an sich selbst überwunden und den Sprung in Angriff genommen. Es hätte auch nass werden können, wenn die Sprungkraft nicht ausgereicht hätte. Dessen war es sich bewusst. Auch wir sind uns bewusst, dass wir ‚nass' werden können, wenn wir die **Schwelle** zur Veränderung überschreiten. Diese tief liegende Angst – Gewohntes aufzugeben und sich in neues Terrain zu begeben – kann manche Menschen dazu bringen, den Rückwärtsgang einzulegen. Auch wenn die Ausgangssituation noch so erdrückend ist, schaffen es manche nicht, ihre Heldenreise anzutreten. Da braucht es manchmal nicht nur den Tritt in den Allerwertesten, sondern auch noch jemanden, der mit auf diese Reise geht, damit man nicht rückfällig wird und an einer Stelle einfach aufgibt. Dieser Begleiter ist ganz oft eine nah stehende Person, die sich um uns sorgt, der es wichtig ist, dass wir wieder zu uns selbst finden. Die da ist, wenn wir sie brauchen, die zu unmöglichen Zeiten ein offenes Ohr hat, uns an die Hand nimmt und immer wieder ermutigt, wenn wir meinen nicht weiter zu kommen.

Berühmte Helden haben auf ihrer Reise auch immer solche Freunde an ihrer Seite, die sie als **Gefährten** begleiten. Und wenn es ‚nur' die Waldtiere sind, die ihnen Mut machen – sie sind nicht allein. Harry Potter kann auf seine Freunde Ron Weasley und Hermine Granger bauen, Spider Man bekämpft zusammen mit Iceman, Firestar und später Iron Man gegen das Verbrechen, Aschenputtel bekommt Hilfe von Tauben, die ihr beim Aussortieren der Linsen helfen und kriegt von einem weißen Vogel auf dem Haselbäumchen gar manchen Wunsch erfüllt, Frodo hat seinen Freund Sam an seiner Seite, der ihn auf seinem Höllentrip treu begleitet und ihm immer wieder seine helfende Hand reicht.

Helden holen sich Kraft durch ihre Freunde!

Gefährten sind für die meisten Menschen auf ihrer Heldenreise unabdinglich. Die Gefahren, die überall lauern, sind einfach zu mächtig und allein nur schwer zu bewältigen. Überall drohen Niederschläge, die den Reisenden ohne den Gefährten am Boden liegen lassen würden.

Gefährten können auch neutrale Personen sein – es müssen nicht unbedingt Freunde sein. Viele Menschen scheuen sich immer noch davor, professionelle Hilfe zu suchen und auch anzunehmen. Je nach Schwere der Situation wird das aber keine andere Möglichkeit zulassen. Freunde wären damit maßlos überfordert und könnten selbst in ein Stadium abrutschen, aus dem sie alleine nicht herausfinden würden. Es ist keine Schande, zu einer Fachkraft zu gehen, der man sein Vertrauen schenken kann. Ich selbst habe diese neutrale Hilfe in Anspruch genommen und kann heute sagen, dass ich momentan nicht so weit wäre, hätte ich damals nicht erkannt, es allein nicht selbst zu schaffen. Es ist definitiv keine Schande, eher eine Stärke. Nämlich die Stärke, sich einzugestehen, dass man es alleine einfach nicht hinbekommt. Dass man sich Hilfe holt, bevor noch weitere Personen in den eigenen Negativstrudel mit hineingezogen werden. Dass man sich als Mensch mit all seinem Wissen und Können schlichtweg wieder wahrnehmen kann, schätzen kann, wertschätzen kann. Nicht selten ist die Psyche der Reisenden so angekratzt, dass diese es nicht aus eigener Kraft schaffen würden, ihren Weg zurück zum Helden zu gehen.

Die Frau, die in ihrer jahrelangen unglücklichen Beziehung immer nur minderwertig behandelt wurde und dachte, es sei normal so. Schließlich wurde sie dazu erzogen, selbst zurückzustecken. Erst wenn alle anderen zufrieden waren, kam für sie die Bestätigung, dass sie ihre Sache gut gemacht hatte. Ihr ging es dann gut, wenn alles ‚rund lief'. Bis sie durch einen anderen Menschen erst mal erfahren durfte, was ‚Leben' eigentlich heißt. Nicht zurückstecken, nur für Andere da sein, sondern Wertschätzung, Respekt und Liebe zu erfahren. Eine völlig unbekannte Situation, die sich einerseits unheimlich gut anfühlte und gleichzeitig beängstigend war.

Der Manager, dessen Firma einer Holding unterstand, der in seiner Position das Gefühl hatte, dass er jetzt kurz vor seinem 50. Lebensjahr nicht da angekommen war, wo er eigentlich bis dahin stehen wollte. Der sich in seinen Entscheidungen eingeschränkt fühlte, regelmäßig mit Zahlen jonglieren musste, um die Konzernführung milde zu stimmen. Der von strikten Preisvorgaben abhängig war, keine alleinige Freiheit bei Entscheidungen hatte und sich mit seinem Wissen ausgenutzt fühlte. Der mit all den bürokratischen Abläufen nicht seiner Passion – dem Verkauf – folgen konnte. Seine Rastlosigkeit wurde immer stärker, genauso wie das Bewusstsein, schon über die

Hälfte seines Lebens hinter sich zu haben, ohne auf dem Zielgipfel angekommen zu sein. Die Frage nach dem „Was will ich eigentlich?" wurde immer stärker, die Familie in ihrer Konstellation wurde unter Frage gestellt. „Will ich so weiterleben? Würde es mir alleine besser gehen? Brauche ich einfach nur einen anderen Job?"

Es dauerte eine Weile bis sich dieser Manager klar wurde, dass er seine Fragen nicht alleine beantworten konnte. Ein Mensch, der sich über Jahre hinweg immer in der Vorbildfunktion gesehen hat, kann sich nicht vorstellen, andere um Hilfe als Begleitung auf seinem Weg zu bitten. Diese Erkenntnis kann weh tun. Es kann aber sehr viel mehr weh tun, wenn sich nichts an der inneren Unzufriedenheit ändert. Auf längere Sicht gesehen ist es das, was krank macht. Der Manager hat den Schritt getan und sich neutrale Hilfe geholt. Er hat für sich erkannt, dass er tatsächlich offen für einen Jobwechsel ist – nach 25 Jahren unter der gleichen Holding. Eine gewagte Entscheidung? Stimmt! Aber er weiß was er kann und diese Gewissheit strahlt er mittlerweile nach außen aus, was nicht nur seinen Mitarbeitern und seiner Familie auffällt.

Oft erkennt man zwar sehr wohl, dass da etwas anders laufen muss – in welche Richtung auch immer – aber sich nach außen die Blöße zu geben, dass man über lange Zeit einen Fehler gemacht hat, ist für manche ein No-Go. Sogar der Staat pulvert Unsummen in ein längst auswegloses Projekt, nur um sein Gesicht zu wahren. Ich spreche hier von dem Projekt Concorde. Frankreich hat ein unglaubliches wirtschaftliches Defizit fabriziert, weiter an seinem eingefahrenen Weg festgehalten, obwohl lange klar war, dass das ein eindeutiges Minusprojekt ist. Erst dieses heftige Unglück hat die Drahtzieher zum Aufhören gezwungen.

Es scheint, je mehr Verantwortung im Spiel ist, desto schwieriger ist Veränderung überhaupt. Je mehr Personen involviert sind, desto länger denkt man nach und wägt ab.

Je mehr Verantwortung auf einem lastet, desto eher meint man aber auch, diese allein tragen zu müssen. Schließlich hat unser früheres Handeln ja dazu geführt, dass wir diese Verantwortung an uns genommen haben. Wir haben irgendwann mal bei der Bank gesessen und den Hauskauf unterzeichnet. Wir haben vor dem Standesbeamten gesessen und unser Eheversprechen besiegelt. Wir hatten den Wunsch, Kindern das Leben zu schenken und unsere Werte in ihnen fortbestehen zu lassen. Wir haben mal einem Freund finanziell aus der ‚Scheiße' geholfen und gehofft, dass er jetzt endlich die Kurve kriegt. Wir haben den Arbeitsvertrag unterzeichnet und uns damit auf all die Vorgaben unseres neuen Brötchengebers eingelassen. All das hat mit Verantwortung zu tun. All das hat Konsequenzen.

Umso wichtiger sind Gefährten. Wo auch immer ich bei meiner Recherche zu diesem Buch gelandet bin – ich war zum Beispiel in vielen Blogs unterwegs – tauchte immer wieder der Rat der anderen Blogger auf, sich Hilfe zu suchen. Da war vom Zwiegespräch mit dem besten Freund bis zum Therapeuten alles an Vorschlägen vertreten. Die Leute erzählten bereitwillig über ihre Probleme und wie sie für sich festgestellt haben, den Weg aus der Krise alleine nicht zu schaffen. Das fand ich sehr interessant und bekam auf authentische Weise meine Erfahrung bestätigt.

Gefährten sind auch deswegen so unersetzliche Begleiter auf unserer Heldenreise, weil sie uns dabei unterstützen, den immer wieder auftauchenden **Helfern unseres Widersachers** Paroli zu bieten. Wenn wir uns gerade aufmachen wollen, um den Chef endlich nach der dringend nötigen Gehaltserhöhung zu fragen, kommt da die Kollegin von der Seite und versucht uns ins Gewissen zu reden: „Ist doch eigentlich ganz gut, was du verdienst. Du solltest lieber hier bleiben, sonst kündigt der dir am Ende noch, das willst du doch nicht! Du weißt ja wie er sein kann." Oder wenn wir den Entschluss gefasst haben, heute Abend dem Partner so einiges ‚vor den Latz zu knallen', was uns schon lange stinkt, kommt die eigene Mutter um die Ecke und redet uns ins Gewissen: „Das kannst du doch nicht machen! Und als nächstes wollt Ihr euch scheiden lassen, oder wie? Was soll mit den Kindern werden? Das macht man doch nicht!" Oder wenn wir den Geschäftspartner endlich zur Rede stellen wollen, weil die vereinbarte Zusammenarbeit alles andere als rund läuft und sich die eingefahrene Situation sogar schon bis zu den Kunden bemerkbar macht, kommt das eigene schlechte Gewissen: „Das kann ich doch nicht machen, der hat doch nichts anderes. Wenn es so weit kommen sollte, dass ich dem hier jetzt die Partnerschaft kündige, landet der doch sonst wo. Dabei hat er es durch mich geschafft, wieder auf die Füße zu kommen."

‚Man' macht das nicht, ‚man' kann doch nicht… was ist mit mir? Wie geht es mir als Individuum damit, wenn ich immer weiter Rücksicht nehmen, immer weiter zurückstecken, immer weiter kuschen soll?

Ich kann sehr wohl!

Was muss sich ändern, damit man wieder einig mit seinem Innersten ist? Was muss passieren, damit wieder eine Balance geschaffen werden kann? Wie kann das Ziel aussehen, das ich mit der Veränderung anstrebe? Was kann mir unterwegs zustoßen? Wer kann mir dabei Halt geben?

Ein Vertriebler, der die Verkaufszahlen wieder ins Lot bringen soll, steht vor der Herausforderung, zu entscheiden: am Alten besser festhalten (das typische Phänomen der Schwelle, die den Gedanken nach vorn schickt: Was früher funktioniert hat kann so schlecht nicht sein. Die Zeiten sind nur nicht die günstigsten – wir müssen einfach geduldig sein, es wird sich schon wieder einrenken!) oder Veränderung wagen. Der Ruf ist hier die starke Konkurrenz, die das Unternehmen im Laufe der Zeit schlichtweg überholt hat. Um diese Schwelle der alten Gedankengänge zu überwinden, ist es nötig, dass das gesamte Team näher zusammenrückt und einen Weg erarbeitet, mit dem alle an einem Strang ziehen. Das kann sein, ein neues Konzept aufzustellen, einen neuen Slogan zu entwickeln und alles stimmig gemeinsam umzusetzen. Dieser Weg kann ein reines **Abenteuer** werden, auf dem alle Beteiligten einerseits an ihre Grenzen stoßen, andererseits auf bisher **ungenutzte Potenziale** aufmerksam werden. Plötzlich sind die Anforderungen ganz anders. Plötzlich kommen ungeahnte Ressourcen ans Tageslicht, die für alle gewinnbringend eingesetzt werden können. Das Bewusstsein, diese Ressourcen zu haben, macht selbstbewusst und stärkt das Ego. Man hat völlig neue Erkenntnisse über sich gewonnen, festgestellt, dass es da noch etwas anderes gibt. Und man wird immer offener für Neues. Der Gedanke, dass sich noch weitere ‚Schätze' in einem selbst hervortun könnten, lässt jeden Einzelnen zu Hochformen auflaufen. Diese Erkenntnis ist wie eine **Belohnung**, wie ein Zauberelixier, das gegen Ende der Reise auf alle wartet. Jetzt gilt es nur noch, mit diesem Elixier in Händen zurück zu kommen ins tägliche Leben. Und die Balance zu finden zwischen dem was war und dem Neuen, das man für sich gesucht und erkannt hat. Dieses neue Konzept wird jetzt vom gesamten Team in die Praxis umgesetzt – was bedeutet, dass das Alte ‚weggesteckt' wird. Für andere Abteilungen des Unternehmens mag dieses neue Vorgehen merkwürdig sein und sicherlich auch seine Gegner haben. Gerade solche, die an Altem nur zu gerne festhalten. Das Team setzt also sein neu erarbeitetes Konzept um und führt es in den Arbeitsalltag ein. Die frische Idee kommt auf dem Markt gut an und sorgt dafür, dass das Unternehmen weiterhin stark bleibt. Widersacher werden ihre Meinung nicht ändern, aber das Team wird es schaffen, gegen diese trotz aller Kritik zu bestehen, indem sie diese Tatsache schlichtweg akzeptieren.

Wenn wir nun von unserer Heldenreise zurück kommen, werden wir höchstwahrscheinlich zuallererst auf Skepsis stoßen – schließlich sind wir gerade von einer unangenehmen Reise heimgekehrt – aber wir werden lernen, diese Skepsis mit unserer Erkenntnis (und dem gewonnenen Zauberelixier) auf einen Nenner zu bekommen. **Sobald wir das geschafft haben, sind wir wahre Helden.**

Wir werden es nicht schaffen, andere zu verändern. Wir können aber an uns arbeiten und lernen, die Dinge anders zu sehen und entsprechend mit ihnen umzugehen – ja vielleicht sogar für uns zu nutzen. Wir können an uns arbeiten und das offene Gespräch suchen, statt alles in uns ‚reinzufressen'. Wir sollten in uns hineinhören und überlegen, was uns gut tun würde – was wir tun müssten, um zu einem Weg zu finden, mit dem wir besser leben können. Die Schatten akzeptieren, sich nichts von ihnen sagen lassen, lernen, mit ihnen umzugehen. Neues wagen. Von dem Neuen zehren. Wachsen. Wieder leben.

Ich möchte Sie einladen zu Ihrer Heldenreise!

KAPITEL 6

ZUM ENDE

Wie geht es Ihnen jetzt?

Ich kann Ihnen sagen, wie es mir geht – jetzt, wo ich am Ende dieses Buchs angelangt bin. Während meiner Arbeit an diesem Werk bin ich an ganz vielen Stellen an mein absolut Innerstes gekommen. Das war teilweise mehr als hart, hat mich ins Grübeln gebracht und mich immer wieder an die Tatsachen herangeführt, die mein ständiger Begleiter sind.

Die Dinge sind, wie sie sind. Da kann ich auch mit größter Anstrengung nichts dran rütteln. Was ich aber kann, ist, mit dem Gegebenen anders umgehen. Ich kann versuchen, die Dinge besser zu verstehen – zu verstehen, warum es so gekommen ist und zu überlegen, was ich tun kann, damit mein Leben wieder zur Ruhe kommt. Ich weiß, ich will nicht festgefahren sein. Ich will, dass es weitergeht und zwar zum Positiven für mich. Ich will, dass sich alles weiterentwickelt – auch, wenn es seine Zeit brauchen wird. Übers Knie brechen lässt sich nichts. Ich muss für mich einen Weg finden, um aus meiner Mühle rauszukommen.

In meiner Arbeit helfe ich so vielen Menschen, ihren Weg zu finden und wieder zurück ins Handeln zu kommen. Mit diesem Buch ist mir wieder bewusst geworden, wie wichtig es ist, einen Gefährten zu haben, wie Frodo ihn in Sam hatte. In meiner Trennungsphase habe ich für mich erkannt, dass ein Freund teilweise mit dem überfordert war, was mich beschäftigt. Eine externe Unterstützung zur Seite zu nehmen, war das Beste, was ich in meiner Situation tun konnte. Ich will mit dieser Aussage nicht allgemein raten, gleich zum Therapeuten zu rennen. Ich will Sie animieren, in sich zu gehen und zu überlegen, was Ihnen am besten helfen könnte. Sie müssen sich mit diesem Gedanken anfreunden können – niemand sonst! Niemand soll etwas tun, was er nicht selbst will. Die Erkenntnis, dass man so nicht weitermachen will wie bisher, ist extrem wertvoll, denn dann hat man es geschafft, den Dosenöffner anzusetzen. Und je nach Situation ist das ein schwerer Schritt, absolut! Aber es ist ein Schritt, der sich lohnt.

Ich möchte Ihnen Mut machen, Ihre eigene Heldenreise zu starten. Ich möchte Ihnen Mut machen, sich zu motivieren. Ich möchte Ihnen Mut machen, sich jemanden zu suchen, der Sie auf Ihrer Reise unterstützt. Der Sie auf dem Weg hält, wenn die Zeiten schwierig sind, Sie drohen abzudriften oder gar aufzugeben. Ich möchte Ihnen Mut machen, Ihre Rolle zu finden: in der Beziehung, mit der Familie, in der Kindererziehung, unter Freunden, in Ihrem Ehrenamt, mit den Nachbarn, in Ihrem Beruf und so weiter. Und ich möchte Ihnen Mut machen, sich dabei nicht selbst zu vergessen, bei dem ganzen Erwartungsdruck, der von allen Seiten auf einen zuströmt.

Sie sind Wert-voll. Das, was Sie jeden Tag erreichen, verdient allein schon einen Orden. Denken Sie bei all dem immer auch an sich und was Sie einmal hinterlassen wollen. Stellen Sie sich vor, Sie stehen am Mikrofon in einem voll ausverkauften Fußballstadion und niemand spricht ein Wort. Alle hören Ihnen zu. Was würden Sie in diesem Moment ins Mikrofon sagen?

Riesenapplaus folgt … nehmen Sie diesen Klang jetzt mit und beginnen Sie Ihr neues Leben – leben Sie Ihre Identität!

Benjamin Schulz